経済学のエッセンス100

第3版

多和田 眞＋近藤 健児【著】

中央経済社

第3版刊行にあたって

　本書第2版の刊行から5年が経過しました。現実の経済をより適切に反映できるように，経済学はより望ましい修正や発展が行われてきています。特に近年の日本経済は長期にわたる景気の低迷に悩まされ，世界経済における地位が低下してきています。少子高齢化や医療年金問題が深刻化する中で人々の経済行動も大きく影響を受け，グローバル経済への対応のために企業も国際的な視野をもった企業戦略の必要性に直面しています。

　経済理論は，こうした現代の経済が抱える問題への適切な対応への手掛かりを与えます。また，現代の多様化・複雑化している経済現象に対応して，経済理論の扱う範囲も非常に広くなっています。これら全てを網羅すると膨大な書物になってしまいます。本書では経済学の初心者が必要とする基本的な経済理論の重要な項目について説明します。特に第3版ではミクロ経済理論の生産者の行動の説明を充実させ，マクロ経済理論では近年大きく変容してきている日本の経済政策を反映させて，新たに金融・財政政策の詳しい説明をしました。

　今回第3版を刊行するにあたっても，中央経済社の納見伸之氏に非常にお世話になりました。ここに記して感謝申し上げます。

2018年2月15日

多和田　眞
近藤　健児

はしがき

　『経済学のエッセンス100』は，初めて経済学を学ぶ人のために書かれた基本的なテキストです。
　私たちをとりまく経済社会は近年ますます高度化・複雑化してきています。そうした中で有意義な日常生活を営むためには，経済の動きを正しく理解し，適切な判断をしてゆかねばなりません。
　そのためには，単に現実の経済現象のみを表面的に捉えるだけでなく，その根底において作用している経済的なメカニズムを理解しておくことが大切です。
　たとえば近年，規制緩和や景気対策の議論が活発で，さまざまな意見が出されていますが，そうした意見はそれぞれの政治的立場や経済的利害を反映している場合が少なくありません。
　したがって，こうしたさまざまな議論について，その本質を見極める必要があります。そのためには経済の基礎的なメカニズムを十分に理解した上で，さまざまな議論の中から私たち自身が判断してゆくことが大切です。
　このような立場から，本書は現実の経済現象の解説よりも，現実の経済問題を考える上での考え方や分析の方法を示して，理論的思考能力を鍛えることを目的として書かれています。その特色としては次の点があります。
　第1に，経済学は大きく分けてミクロ分野とマクロ分野がありますが，それぞれの代表的な内容から各50項目を厳選し，見開き2ページ完結で項目ごとに経済学を学べるように工夫しました。
　半年間でミクロないしマクロ経済学の基礎を講義する場合には，1回の講義で4項目程度を進度の目安とすればよいことになります。また各項目には内容を要約した1，2行のミニ解説もつけてありますので，復習などに活用してください。

第2に，初学者でも十分読みこなせるように，できるだけ平易な表現を用い，数学もほとんど使わずにとどめました。図や表を通して直感的に内容を理解することを優先したからです。

　第3に，各パートの終わりにはできるだけ基本的な内容の練習問題を用意してあります。各章の内容が理解できたかの確認を目的とするものですから，是非まず自力で解いてみることをおすすめします。すべての問題について，詳細な解答と解法が巻末にあります。

　第4に，全12パートの扉では歴史的な経済学者24人を紹介しました。経済学を学ぶ上で，よく名前を見かける人物ばかりです。

　本書は，はじめミクロ編を多和田が，マクロ編を近藤が主として分担執筆しましたが，いくたびかの議論を重ね，大幅な改稿作業を経て完成しました。本書を出版するにあたり，中央経済社の納見伸之氏には大変お世話になりました。ここに深くお礼申し上げます。

2003年3月20日

多和田　眞
近藤　健児

目　　次

ミクロ 1　消費者の行動　　1

- ❶ 効　用　2
- ❷ 無差別曲線　4
- ❸ 無差別曲線の性質　6
- ❹ 限界代替率　8
- ❺ 予算制約　10
- ❻ 最適な消費の組合せの選択　12
- ❼ 所得効果　14
- ❽ 価格効果　16
- ❾ 所得効果と代替効果　18
- ❿ 粗代替財と粗補完財　20
- ⓫ 需要曲線　22
- EXERCISE　24

ミクロ 2　生産者の行動　　25

- ⓬ 生産関数　26
- ⓭ 総費用曲線　28
- ⓮ 限界費用と平均費用　30
- ⓯ 完全競争企業　32
- ⓰ 最適な生産量の決定　34
- ⓱ 限界費用曲線と平均費用曲線　36
- ⓲ 利潤の大きさ　38
- ⓳ 損益分岐点と操業停止点　40

- ⑳ 供給曲線　42
- ㉑ 短期と長期　44
- EXERCISE　46
- column　経済学で使う「限界」の意味　33

ミクロ3　市場の均衡　47

- ㉒ 完全競争市場　48
- ㉓ 市場の需要曲線と供給曲線　50
- ㉔ 市場の均衡　52
- ㉕ 消費者余剰　54
- ㉖ 生産者余剰　56
- ㉗ 社会的余剰　58
- ㉘ 消費税と社会的余剰　60
- ㉙ 貿易の自由化と社会的余剰　62
- EXERCISE　64

ミクロ4　不完全競争市場とゲームの理論　65

- ㉚ 独占企業　66
- ㉛ 限界収入曲線　68
- ㉜ 独占企業の利潤最大化行動　70
- ㉝ 独占均衡と社会的余剰　72
- ㉞ クールノー競争のモデル　74
- ㉟ クールノーの均衡　76
- ㊱ ゲームの理論と寡占的競争　78
- ㊲ 囚人のディレンマとナッシュ均衡　80

EXERCISE　82

ミクロ 5　市場の失敗　83

- ㊳　市場の失敗　84
- ㊴　外部効果　86
- ㊵　外部経済と社会的余剰　88
- ㊶　公共財　90
- ㊷　公共財と限界便益　92
- ㊸　公共財の最適供給　94
- ㊹　平均費用逓減産業　96
- ㊺　限界費用価格形成原理　98

EXERCISE　100

ミクロ 6　不確実性と不完全情報　101

- ㊻　不確実性とくじ　102
- ㊼　期待効用とリスク・プレミアム　104
- ㊽　保険とモラル・ハザード　106
- ㊾　レモンの原理（逆選択）　108
- ㊿　プリンシパルとエージェンシー　110

EXERCISE　112

マクロ 1　国民経済計算と産業連関表　113

(51) フローとストック　114
(52) 国内総生産　116
(53) 国内純生産　118
(54) 国民総所得と国民所得　120
(55) 三面等価の原則　122
(56) GDPデフレーター　124
(57) 物価指数　126
(58) 産業連関表　128
(59) 生産量および価格の決定　130
EXERCISE　132

マクロ 2　財市場　133

(60) 新古典派経済学とケインズ経済学　134
(61) 消費関数と（限界）消費性向　136
(62) 45度線モデル　138
(63) 貯蓄関数と（限界）貯蓄性向　140
(64) 乗　数　142
(65) 乗数の応用　144
(66) インフレギャップ，デフレギャップ　146
EXERCISE　148
column　さまざまな消費関数　145

マクロ 3　貨幣市場　149

(67) 資産市場　150

(68) 貨　幣　152
(69) 信用創造　154
(70) ハイパワード・マネーと貨幣乗数　156
(71) 日本銀行の金融政策(1)　158
(72) 日本銀行の金融政策(2)　160
(73) 日本銀行の金融政策(3)　162
(74) 日本銀行の金融政策(4)　164
(75) 日本の財政事情　166
(76) 債券価格の決定　168
EXERCISE　170
column　日本銀行券と貨幣　157
column　新古典派の貨幣数量説　161

マクロ４　*IS-LM*分析　171

(77) 部分均衡分析と一般均衡分析　172
(78) 投資関数と*IS*曲線　174
(79) 貨幣需要の動機と*LM*曲線　176
(80) *IS-LM*分析と流動性のワナ　178
(81) 経済政策とクラウディング・アウト　180
(82) マンデル＝フレミング・モデル
―開放マクロ経済学Ⅰ　182
(83) 固定相場制―開放マクロ経済学Ⅱ　184
(84) 変動相場制(1)―開放マクロ経済学Ⅲ　186
(85) 変動相場制(2)―開放マクロ経済学Ⅳ　188
(86) アブソープション・アプローチ　190
EXERCISE　192

マクロ5　総需要・総供給分析　193

- ⑧⑦ 総需要曲線　194
- ⑧⑧ 労働需要　196
- ⑧⑨ 労働供給（古典派）　198
- ⑨⓪ 労働供給（ケインズ）　200
- ⑨① 総供給曲線　202
- ⑨② フィリップス曲線　204
- ⑨③ 自然失業率仮説　206
- EXERCISE　208

マクロ6　景気循環と経済成長　209

- ⑨④ 景気循環の局面　210
- ⑨⑤ 景気循環の類型　212
- ⑨⑥ 投資の二重効果　214
- ⑨⑦ 加速度原理　216
- ⑨⑧ ハロッド＝ドーマーの成長理論　218
- ⑨⑨ 新古典派の成長理論　220
- ⑩⓪ 均斉成長　222
- EXERCISE　224

付表1　産業連関表　226
付表2　戦後日本の景気循環　234

練習問題解答　236
参考図書案内　244

ミクロ 1
消費者の行動

アロー
Arrow, Kenneth Joseph 1921〜2017

一般均衡理論，厚生経済学。経済成長論などの分野に大きな足跡を残したアメリカ・スタンフォード大学の数理経済学者です。特に社会全体の経済厚生の大きさを示す社会的厚生関数が，個人の価値判断の集計では求められないとする「一般的不可能性定理」を提唱して，社会的選択理論の創始者となったことは有名です。多数財の市場の需要と供給が同時に均衡する一般均衡モデルにおける解の存在と安定性の証明にも貢献しました。1972年にノーベル賞を受賞しています。

ドゥブリュー
Debreu, Gérard 1921〜2004

フランス生まれの，アメリカ・カリフォルニア大学バークレー校の数理経済学者です。アローと共同して，位相数学（トポロジー）や不動点定理を用いて，厳密に一般均衡モデルの均衡解の存在証明を成し遂げたことで有名です。他にもコアの極限定理に関する証明など，一貫して競争均衡のさまざまな特性の数学的解明に力を注ぎました。1983年にノーベル賞を受賞しています。

1 効用

Utility

財・サービスの消費から得られる満足の大きさを表す指標

　私たち消費者は日常さまざまな財・サービスを消費することで生活をしています。なぜ財・サービスを消費するかといえば，それによってできるだけ満足のできる生活をしたいと思うからです。ミカンを食べる，流行している服を着る，車に乗ってドライブにでかける，といったさまざまな消費活動を行うことで私たちは一定の満足が得られます。この満足の大きさを経済学では**効用**といいます。

　今，簡単化のためにミカンを食べるという消費を考えてみましょう。食べるミカンの個数をxで表しましょう。食べるミカンの個数xに応じて，一定の満足度，すなわち効用uが得られます。この効用uの大きさはミカンの個数xに応じて決まりますから，$U(x)$と表すことにしましょう。すなわちx個のミカンを食べた時の効用uは$u = U(x)$となります。ミカンの個数xとその時に得られる効用の大きさuの間の関係を表す$U(x)$を**効用関数**といいます。通常は食べるミカンの個数が多いほど効用も大きくなりますから，$u = U(x)$で表されるxとuの関係を示すグラフは**図表1-A**のように右上がりの曲線となります。

　この曲線はミカンの個数xが多くなるほど曲線の勾配（曲線の接線の傾き）はゆるやかになっています。これは食べるミカンの個数が増えるほど，そこからさらにもう1つを食べた時に得られる効用の増加分は小さくなる事を示しています。この曲線の勾配を**限界効用**といい，それがxの増加とともに小さくなることを**限界効用が逓減**（ていげん）するといいます。

　2つ以上の財の消費から得られる効用についても以上の考え方を適用できま

す。たとえば、ビールと焼き鳥という2つの財の消費の場合を考えましょう。ビールの消費量をx杯とし、焼き鳥の消費量をy本としましょう。この時の効用の大きさuは$u=U(x, y)$で表されます。そしてこのグラフは**図表1-B**のようにドーム球場の天井、あるいは伏せたサラダボウルの一部のような球面で表されます。たとえば、効用関数$U(x, y)$が$U(4, 5)=10$である場合には、ビール4杯を飲み焼き鳥5本を食べた時の効用の大きさが10であることを意味しており、**図表1-B**はそのようなグラフとなっています。

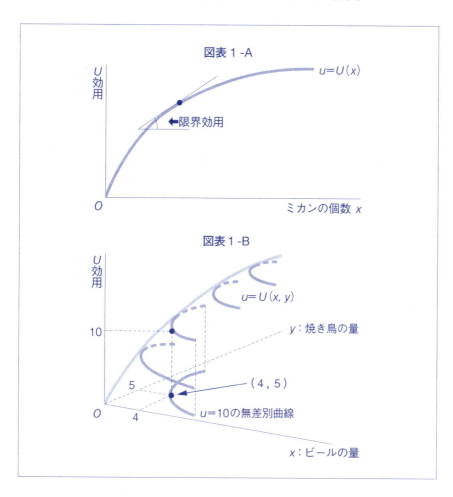

② 無差別曲線

Indifference Curve

ビールと焼き鳥の消費で，ある一定の効用を得るためにはさまざまな組合せがある。これらさまざまな組合せの点を結んでグラフにしたもの

　ビールと焼き鳥の消費の場合を考えましょう。今，ビールを4杯飲み，焼き鳥を5本食べた時の効用の大きさを10とします。この効用水準，$u = 10$を変えないようにして，ビールと焼き鳥の別の組合せを探してみましょう。これは次のようにして探せます。

　ビール1杯を渡し，その代わりに焼き鳥を受け取るという交換を考えます。ビールは4杯から3杯となります。この交換をしてもよいと思うためには焼き鳥を少なくとも何本もらえばよいでしょうか？

　今焼き鳥を少なくとも2本もらえるなら，すなわち5本から7本になるならこの交換をしてもよいと思ったとしましょう。

　ビール4杯と焼き鳥5本の時の効用水準10より低い効用しか得られないなら交換したいとは思いませんから，ビール1杯に対して，交換に応じるための焼き鳥の本数が最低限2本であるということは，2本で交換した時の効用は10ということになります。すなわち，ビール3杯と焼き鳥7本の消費から得られる効用も10ということになります。

　同様にして，ビール3杯と焼き鳥7本の状態から，ビール1杯を差し出して焼き鳥をもらう交換に応じるためには焼き鳥を少なくとも3本は欲しいとするなら，ビール2杯と焼き鳥10本の消費から得られる効用も10ということになります。

　逆にビール4杯と焼き鳥5本を持っている状態で，ビール1杯をもらうためには焼き鳥を何本までなら差し出してもよいかを考えましょう。

　この人は1本までなら差し出してもよいと思ったとしましょう。この時ビー

ル5杯と焼き鳥4本という状態になり，それから得られる効用もまた10ということになります。

このようにしてビールと焼き鳥の組合せA（4，5），B（3，7），C（2，10），D（5，4）の各点ではすべて効用が10であることがわかりました。この他にも効用が10となる組合せは沢山あります。

たとえばビール4杯から0.5杯を渡した時焼き鳥を少なくとも0.8本もらえるならこの交換に応じるとするなら，（3.5，5.8）も10の効用を与える組合せとなります。

ビールと焼き鳥の組合せで効用水準が10となる組合せの点をすべてつなぐことによってできる曲線を効用水準が10の**無差別曲線**といいます。これは次の項目の**図表3**に示されています。

ビール5杯と焼き鳥7本の組合せはビール4杯と焼き鳥5本にくらべて，ビール，焼き鳥，ともに多いので効用も大きくなります。そこでビール5杯と焼き鳥7本が与える効用を15としましょう。

この組合せから出発して先ほどと同じようにして効用水準が15の無差別曲線を作ることができます。このようにしていけば，さまざまな効用水準の無差別曲線を作っていくことができます。これらすべての無差別曲線をまとめて**無差別曲線群**といいます。

❷ 無差別曲線　Indifference Curve

❸ 無差別曲線の性質

> 無差別曲線は右下がりで原点方向に突き出ている．効用水準の異なる
> 無差別曲線どうしは交わらない．原点から遠い無差別曲線ほど効用は大きい

無差別曲線は一般的に次のような性質を持っています。

① 無差別曲線は右下がりである。
② 無差別曲線は原点方向に突き出ている。
③ 効用水準の異なる２つの無差別曲線は決して交わらない。
④ 原点から遠くにある無差別曲線ほど効用水準は高い。

　消費する量が多いほど効用も大きいと考えるならば，**図表3**の無差別曲線上の点Aからビールの消費量を増やした時，効用は大きくなりますから，もとの効用水準に戻すためには，焼き鳥消費量を減らす必要があります。よってA点と同じ効用を与える点は右下の方向（ここではD点）に位置します。これが①の性質を持つ理由です。

　③については次のようにして説明できます。ビールと焼き鳥の１つの組合せ（１つの点）から得られる効用の大きさは１つの数値で表されます。今，効用水準の異なる無差別曲線が交わるとすると，交わった点では効用の大きさが２つあることになり，矛盾します。したがって，効用水準の異なる無差別曲線は交わってはなりません。

　消費量が多いほど効用も大きいと考えるならば，原点から遠い無差別曲線ほどその効用水準は高いことは明らかでしょう。すなわち④が成立します。②の性質は次の項で少し注意深く見ていくことにします。

❸ 無差別曲線の性質

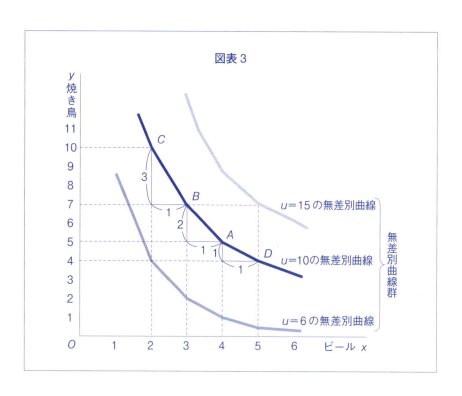

図表3

4 限界代替率

Marginal Rate of Substitution

効用水準を変えないように2つの財を交換する時の交換比率

❸で掲げた無差別曲線の性質②について説明しましょう。そのために前ページの**図表3**の場合を見てみましょう。ビール5杯と焼き鳥4本から効用の大きさを変えないようなビール1杯との焼き鳥の交換本数は1本でした。ビール4杯と焼き鳥5本から効用を変えないようなビール1杯との焼き鳥の交換本数は2本でした。さらにビール3杯と焼き鳥7本から効用を変えないようなビール1杯との焼き鳥の交換本数は3本でした。以上のことから，次のことが類推できます。

手持ちのビールの量が少なくなると，そこからさらにビールを手放して焼き鳥と交換するためにはビール1杯に対して前より多くの焼き鳥を受け取る必要があることがわかります。これは，手持ちのビールの量が少なくなると，ビールを手放すのが惜しくなるためです。したがって，手持ちのビールが少ないほど，そこからビール1杯を手放す場合，より多くの焼き鳥をもらわないとビールは手放せないことになります（たとえば，ビール1杯を他人にあげる場合，ビールが2杯しかない時の方が8杯ある時より，惜しいという気持ちが強いでしょう）。

このように，ある財について手持ちの量が少なくなるほどその財が自分にとってより貴重になるという通常の人間の気持ちを無差別曲線に表すと，D，A，B，Cの各点を結んでできる曲線は原点に突き出た形，すなわち原点方向に凸の形の曲線となります。これが②の性質です。

ビール1杯に対して効用水準を変えないような焼き鳥の交換量の比率をビールに対する焼き鳥の**限界代替率**といいます（厳密にはビールに対する焼き鳥の

限界代替率はビール1杯の量を限りなく小さな1杯とした時の，それに対する焼き鳥の交換比率のことです。これは数学における微分の概念を用いて定められます）。

❸の**図表3**の場合，A点とB点の間のビールに対する焼き鳥の限界代替率は2です。点Bと点Cの間では3です。すなわち無差別曲線上のどの点で測るかによって，限界代替率の大きさは異なります。ビールの手持ち量が少ないほど，ビールに対する焼き鳥の限界代替率は大きくなります。無差別曲線が原点方向に凸になるという性質④はまさにこのことを表しています。

無差別曲線がスムーズな曲線で表される時には，限界代替率は曲線の接線の傾きの大きさをプラスにした値で表されます。**図表4**で示されている無差別曲線のA点でのビールに対する焼き鳥の限界代替率は，A点での接線の傾きαをプラスで表した大きさとなります。X財に対するY財の限界代替率をMRS_{XY}と表すことにします。

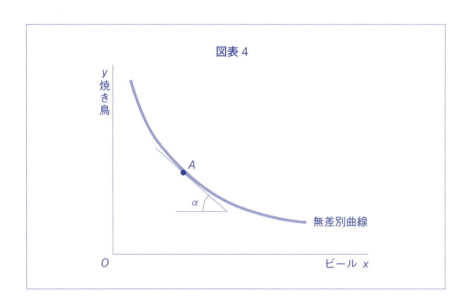

5 予算制約

Budget Constraint

与えられた予算の下で購入することのできる財の組合せの範囲

　消費者は日常生活において財やサービスを与えられた所得の範囲内で購入して，消費しています。購入する場合，自分の持っている所得と購入するものの値段（価格）がわかっていないとどれだけ購入できるのかがわかりません。そこで今，持っている金額（所得）の大きさを2,000円としましょう。またビール1杯の価格を200円，焼き鳥1本の価格を100円としましょう。この時ビール何杯と焼き鳥何本が購入できるでしょうか？

　ビールの購入量をx杯，焼き鳥の購入量をy本とすると，購入できるxとyの組合せはその合計の金額が2,000円をこえてはいけませんから，制約条件，

$$200x + 100y \leq 2{,}000 \tag{5-1}$$

を満たさねばなりません。(5-1)式を**予算制約式**あるいは**所得制約式**といいます。(5-1)式は$y \leq -2x + 20$と書き換えられますから，**図表5**のように$y \leq -2x + 20$との下方のグレー部内が(5-1)式を満たすxとyの組合せ(x, y)の点です。予算制約式(5-1)を満たすグレー部の領域を**消費可能領域**といいます。また消費可能領域の境界線$200x + 100y = 2{,}000$すなわち$y = -2x + 20$を**予算制約線**といいます。

　一般的には，所得がI円，X財の価格がp円，Y財の価格がq円で，X財とY財の購入量をそれぞれxとyとすると，購入可能なxとyの組合せを表す予算制約条件は

$$px + qy \leq I \tag{5-2}$$

となります。

（5-2）式を満たす (x, y) の領域，すなわち消費可能領域は予算制約線 $px + qy = I$，すなわち

$$y = -\frac{p}{q}x + \frac{I}{q} \qquad (5\text{-}3)$$

の下方の領域となります。

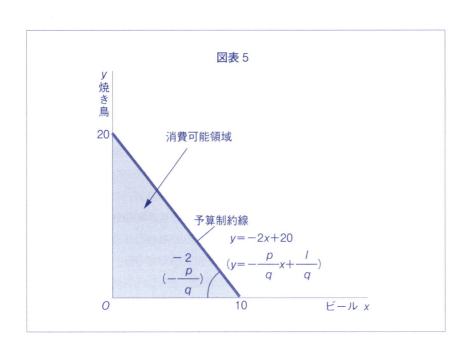

図表5

❻ 最適な消費の組合せの選択

与えられた予算制約のもとで効用が
最大となるように消費する財の組合せを選ぶ

　消費者は財やサービスを購入する時，与えられた所得と購入しようとする財やサービスの価格を見て，購入可能な範囲，すなわち消費可能領域内の財・サービスの組合せの中から自分がもっとも気に入った，すなわち満足度（効用）のもっとも大きい組合せを選び購入します。消費可能領域の中で効用をもっとも大きくする財・サービスの組合せを**最適な消費の組合せ**といいます。

　先ほどの例によって，与えられた消費可能領域の中からどのようにして，効用を最大にする財・サービスの組合せ，すなわち最適な消費の組合せが決まるかを見ていきましょう。所得2,000円，ビール1杯の価格200円，焼き鳥1本100円の時の消費可能領域は❺の（5-1）式を満たす領域で，それは❺の**図表5**のグレーの部分で示されました。

　この中で効用をもっとも大きくする点を選ぶことを考えましょう。そのためには，この人の無差別曲線群を消費可能領域に重ね合わせます。その結果が**図表6**に示されています。A点で表される財の組合せに対応する効用の大きさは，そこを通る無差別曲線の効用水準になります。

　次にA点を通る無差別曲線の上方でグレー部内にある点，たとえばB点を見てみましょう。B点を通る無差別曲線はA点を通る無差別曲線より上方にありますから，B点の効用の方がA点より大きいことがわかります。さらにB点を通る無差別曲線の上方でグレー部内の点，たとえばC点では，そこを通る無差別曲線はB点を通る無差別曲線より上方に位置しますからC点の方が効用が大きいことになります。このようにしていくとE点がグレー部内の点の中でもっとも効用の大きい消費の組合せとなります。なぜなら，E点を通る無差別曲線

の上方にはグレー部に属する点がないので，これ以上効用を大きくすることができないからです。よって，E点が最適な消費の組合せということになり，消費者はE点に対応するビールと焼き鳥の量を購入することになります。

E点では無差別曲線の接線と予算制約線が同じです。すなわち無差別曲線の接線の傾きと予算制約線の傾きが同じです。無差別曲線の接線の傾きのプラスの値はビールに対する焼き鳥の限界代替率であり，予算制約線の傾きのプラスの値は焼き鳥の価格に対するビールの価格の比率，すなわち（ビールの価格／焼き鳥の価格）ですから，最適な消費の点（E点）ではその点におけるX財（ビール）に対するY財（焼き鳥）の限界代替率MRS_{XY}が，Y財（焼き鳥）の価格に対するX財（ビール）の価格比p/qに等しくなります。逆にMRS_{XY}がp/qに等しくなるような消費点があれば，それは最適な消費点ということになります。

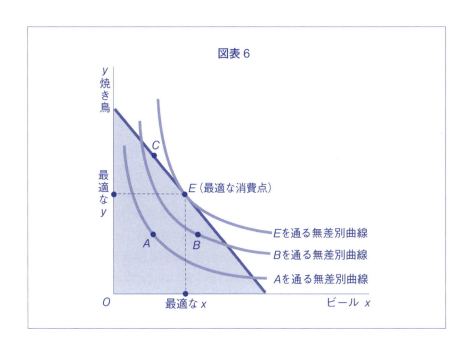

図表6

7 所得効果

Income Effect

所得が増えると通常は財の購入量は増えるが，購入量が減るような財もある

　所得が増加した時に最適な消費量がどのようになるかを見てみましょう。そのために所得2,000円の時のビールと焼き鳥の最適な消費量が❻の**図表6**のようにE点であるとします。

　さて今所得が2,000円から3,000円に増加したとします。この時の予算制約線は$200x + 100y = 2,000$すなわち$y = -2x + 20$から，$200x + 100y = 3,000$すなわち$y = -2x + 30$になります。そこで予算制約線は**図表7-A**に見るように直線ABからそれを上方に並行移動させた$A'B'$となり，消費可能領域は△ABOから△$A'B'O$に広がります。新しい最適な消費点はE'点となります。以前の最適な消費点Eに比べてビールと焼き鳥の消費量（購入量）は増加しています。

　このように通常は所得が増えると，財・サービスの消費量は増加しますが，場合によっては**図表7-B**のX財に見るように所得が増えると消費量を減らしてしまうような財・サービスもあります。所得の変化が財の最適な消費量に与える影響を**所得効果**といいます。そして所得の増加によって消費量が増えるような財を**正常財**（あるいは**上級財**）といい，逆に減るような財を**劣等財**（あるいは**下級財**）といいます。

　所得が増えた時，ビールと焼き鳥の購入量を増やすなら，ビールと焼き鳥はともに正常財です。所得が増えた時，レストランに行く回数を増やしてカップラーメンの消費量を減らした場合，カップラーメンは劣等財となります。

❼ 所得効果 Income Effect

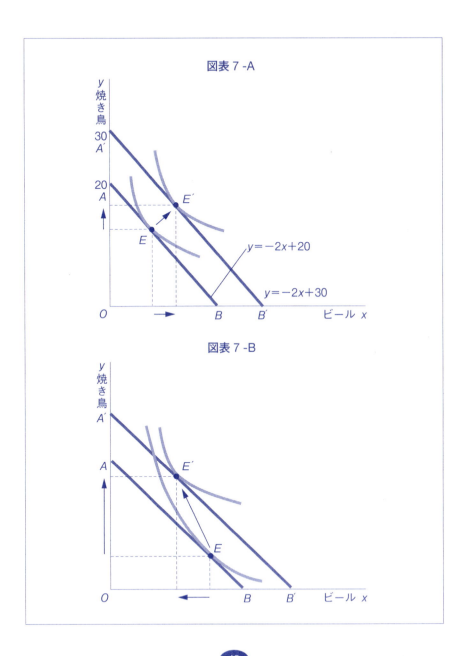

図表7-A

図表7-B

消費者の行動 ミクロ1

❽ 価格効果

Price Effect

ある財の価格の変化がさまざまな財の購入量に与える効果

　❼では所得の変化が各財の最適な消費にどのような影響を及ぼすかを見ました。ここでは財の価格の変化が各財の最適な消費に及ぼす効果について見ることにします。そのために，今までのビールと焼き鳥の例において，ビールの価格が200円から100円に値下がりしたとしましょう。

　値下がりする前の予算制約線は$200x + 100y = 2,000$すなわち$y = -2x + 20$で，これは**図表8-A**の直線ABで示されています。一方，値下がりした後の予算制約線は$100x + 100y = 2,000$すなわち$y = -x + 20$で，これは図に直線AB'として示されています。ビールの価格が200円から100円に値下がりしたことで消費可能領域は△ABOから△$AB'O$に広がります。そして最適な消費点はEからE'に移ります。

　ビールが安くなったことによりビールと焼き鳥の消費量（購入量）はともに増加しています。しかし無差別曲線の形によっては**図表8-B**のようにビールの消費量は増えるが焼き鳥の消費量は減る場合もあります。あるいは，図には示しませんが，焼き鳥の消費量は増えるが，ビールの消費量は減る場合もありえます。そこでこれら3つの場合がどのようにして生じるのかを❾で見ていくことにしましょう。

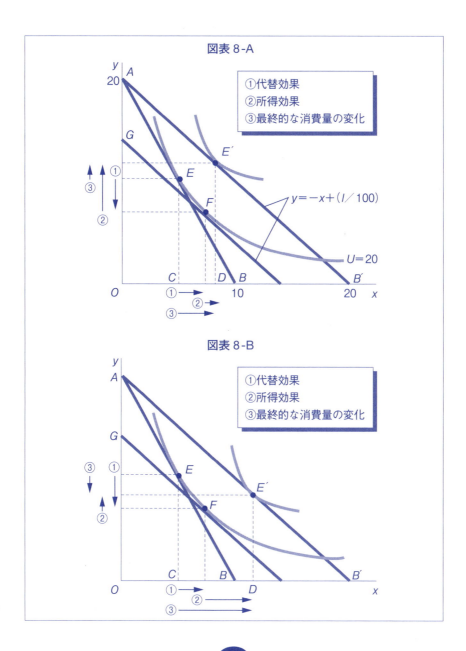

消費者の行動 ミクロ 1

❾ 所得効果と代替効果

Income Effect and Substitution Effect

価格効果は価格の変化に伴う財の相対的な交換比率の変化による代替効果と価格の変化に伴う実質所得の変化による所得効果に分割できる

価格の変化が与える効果には次の2つの効果があることに注目しましょう。

① ある財の価格の変化は財の交換比率を変えます。ビール1杯の価格が200円の時は1本100円の焼き鳥との交換において，ビール1杯に対して焼き鳥2本が等価交換となります。しかしビール1杯が100円になると，ビール1杯に対して焼き鳥1本が等価交換となります。このような効果を**代替効果**といいます。

② ある財の価格の変化は実質所得を変えます。ビールの価格が200円から100円になると，2,000円という所得そのものは変わらなくても，消費可能領域が広がり以前よりも多くのものを購入できるようになります。これは実質的な所得の増加を意味します。したがって，この効果を**所得効果**といいます。

はじめに代替効果について考えましょう。ビールと焼き鳥の価格がそれぞれ200円と100円の時，所得2,000円で達成される最適な消費から得られる効用水準を20としましょう。これはビールと焼き鳥の価格がそれぞれ200円と100円の時，所得2,000円で達成できる最大効用です。

今，ビールの価格が100円になったとします。ビールの価格が100円になった後も，ビールの価格が200円の時に達成されていた最大効用20を保つためには少なくともどれだけの所得が必要でしょうか。

ビールと焼き鳥の組合せ (x, y) にかかる支出 I はビール100円のもとでは

$I=100x+100y$ となります。これを書き換えると $y=-x+(I/100)$ となります。そこで効用水準20の無差別曲線上の (x, y) で支出 I を最小にする (x, y) は，$I=100x+100y$ の直線が無差別曲線上のどこかの点を通るようにして，y-切片，$I/100$，をできる限り小さくすることで求められます。

　図表8-Aに示されるように，そのような点は AB' で表される直線 $y=-x+(I/100)$ を下方に移動させることで，効用水準20の無差別曲線と接するような (x, y) の点 F として決まります。代替効果は E から F への変化で表されます。

　すなわち，価格変化前に達成されていた効用水準を価格変化後もできるだけ少ない支出で実現するとしたら，その時の消費の組合せは価格変化前の時に比べてどのように変わるかというのが代替効果です。今の場合，焼き鳥2本に対してビール1杯の交換が焼き鳥1本に対してビール1杯となったため，より少ない支出で前と同じ効用を維持するためには焼き鳥をビールに変えた方がよいことになります。

　次に所得効果について考えましょう。上に述べたように，価格変化後も価格変化前の効用水準を維持するためには，図表8-Aで示されている F 点を通る直線 $y=-x+(I/100)$ の y-切片である G 点に対応する支出，すなわち $100×OG$ が必要でした。ところが実際に持っている所得は2,000円であり，それに対応する y-切片の点は A 点です。

　ビールの価格が下がったことにより，2,000円より少ない支出で前と同じ効用水準を達成できるため，所得2,000円の実質的な購買力は増加しています。その増加の大きさは A 点と G 点の差を所得で表した $100×AG$ となります。この実質的な所得の増加が消費点を F から E' に移動させます。これが所得効果による変化です。

❿ 粗代替財と粗補完財

Gross Substitute and Gross Complement

ビールの価格が安くなった時に焼き鳥の消費量（購入量）を減らすなら
焼き鳥はビールに対して粗代替的，増やせば粗補完的という

❾に引き続いて，ビールの価格が200円から100円になった時，ビールと焼き鳥の消費量がどのようになるかを考えていきましょう。

すでに見てきたように，価格の変化は代替効果と所得効果に分けて考えることができました。ビールの価格が100円に値下がりしたことによって，代替効果では必ずビールの消費量が増え，焼き鳥の消費量は減ります。これは**図表8-A**において示されているように，予算制約線の傾きが緩やかになるためはE点からF点への消費点の移動は無差別曲線上を右下方向への移動となるためです。

一方ビールの価格の値下がりによる実質所得の上昇によるF点からE'点への移動は，❼で説明したようにビール，焼き鳥ともに正常財の時は両財とも増加するためF点から右上方向への移動となります。ビールについては，代替効果，所得効果ともに増加しますから，最終的に必ず消費量は増加します。

また，焼き鳥については代替効果での減少効果と所得効果での増加効果のどちらが強いかによって最終的に消費量が減少するか増加するかが決まります。

この場合は焼き鳥について所得効果が代替効果を上回り，焼き鳥の消費量も増加する場合です。逆に焼き鳥について代替効果が所得効果を上回るなら**図表8-B**に示されるように焼き鳥の消費量は減少します。

以上はビールや焼き鳥が正常財として考えましたが，もしビールが劣等財とするとビールの価格が安くなることで，ビールの消費量が減少してしまうこともありえます。しかしこのような現象はあまり一般的とはいえません。**図表8-A**のようにビールの価格が下がった時，焼き鳥の消費量が増えるならば，

焼き鳥はビールに対して**粗補完的**あるいは**粗補完財**であるといいます。これはビールの価格が下がることでビールの消費を増やす場合，焼き鳥も合わせて増やすのが望ましいとしているからです。

逆に**図表8-B**のようにビールの価格の下落に対して，焼き鳥の消費を減少させる場合には，焼き鳥はビールに対して**粗代替的**あるいは**粗代替財**であるといいます。この場合，ビールが安くなったことで，焼き鳥の消費を安くなったビールの消費に置き換えているからです。

粗補完財の例としてはコーヒーの価格が下がるとコーヒーの消費が増え，したがって砂糖の消費も増える場合が考えられるでしょう。この場合，砂糖はコーヒーの粗補完財です。粗代替財の例としてはコーヒーの価格が下がるとコーヒーの消費を増やして紅茶の消費を減らす場合が考えられます。この場合，紅茶はコーヒーの粗代替財となります。

消費者の行動 ミクロ 1

需要曲線

Demand Curve

価格と需要量（消費量）の関係を表す曲線

❿ではビールの価格が下がった時に，ビールや焼き鳥の最適な消費量がどのように変わるかについて見てきました。そこでわかったこととして，ビールが正常財ならばビールの価格が下がると，ビールの消費量は必ず増加するということでした。

たとえば，ビールの価格が200円の時，**図表8-A**で示されているようにビールの消費量はOCの長さで表されますが，価格が100円になると消費量はODになります。さらにビールの価格を80円，50円，あるいは150円，250円とさまざまに変えた時に，それぞれの価格に対応する消費量を求めると，価格が低いほど消費量は多くなりますから，ビールの価格とビールの消費量，すなわち需要量の関係は**図表11**でddの曲線のようになります。この曲線をビールの**需要曲線**といいます。

このグラフは所得2,000円の下でのビールの価格と需要量の関係を表していますが，もし所得が3,000円であるならば，それぞれの価格のもとでのビールの需要量は2,000円の時より増加しますから，ddの需要曲線は右の方向にシフトします。**図表11**では所得3,000円の時の需要曲線は$d'd'$で表されています。

すなわち，所得の増加によって，需要曲線全体は右の方向に移動します。ただしddの曲線が必ずしもそのまま横に平行移動するわけではありませんから，ddの曲線と$d'd'$の曲線の形は同じとは限らないことに注意してください。

⑪ 需要曲線 Demand Curve

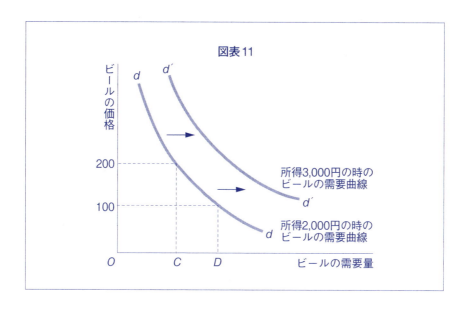

図表11

EXERCISE

1. 香川君のビール（x杯）と焼き鳥（y杯）を消費することによって得られる効用（U）の大きさは$U=xy$で表されるものとします。次の各問に答えなさい。

(1) ビール4杯と焼き鳥を何本消費すると効用の大きさが20となるでしょうか。

(2) 効用水準が10となる無差別曲線の式はどのように表せますか。またそのグラフを描きなさい。

(3) 香川君は所得1,200円を持っているとしましょう。ビール1杯200円，焼き鳥1本100円の時，香川君はビールと焼き鳥をそれぞれどれだけ購入するでしょうか。またその時の効用の大きさはどれだけになるでしょうか。

2. ザッケローニ氏は働いて得た賃金をすべてイタリアワインの購入に支出するものとします。1週間に働く日数をlとして働かない日は余暇にあてるとします。よって余暇の日数xは$x=7-l$となります。ワインの消費量yと余暇の日数xからなるザッケローニ氏の効用Uは$U=xy$で表されるものとします。1日の賃金が1万円，ワイン1本の価格が5,000円のとき，ザッケローニ氏は1週間に何日働き，何本のワインを消費するでしょうか。

ミクロ ② 生産者の行動

ヒックス
Hicks, John Richard 1904〜89

イギリスの新古典派の経済学者で,マクロ経済学の基幹となる,国民所得と利子率の同時決定理論(IS-LM分析)の創始者としてあまりにも有名です。経済理論全般にわたって膨大な業績があり,補償需要曲線や一般均衡体系の安定条件,中立的技術進歩など,その名を冠した経済学用語は少なくありません。主著は『価値と資本』(1939)です。1972年にノーベル賞を受賞しました。

マーシャル
Marshall, Alfred 1842〜1924

イギリス・ケンブリッジ学派の創始者で,ピグーやケインズなどの優れた学者を育てた人物です。古典派の生産費説と,当時の新学説の限界原理との総合化をはかり,それまでの経済学を集大成しました。弾力性,消費者余剰,外部経済などの考え方を経済学に導入したことで知られています。また数量による市場均衡への調整過程(マーシャル的調整)や,貨幣の流通速度の逆数であるマーシャルのk,為替レートの切り下げが国際収支の改善につながるためのマーシャル=ラーナーの条件など,その名を冠した経済学用語は少なくありません。主著は『経済学原理』(1890)です。

⑫ 生産関数

Production Function

生産要素の投入量とそれによって生み出される生産量との関係を表す関数

ミクロ1では財・サービスの買い手である消費者の行動を説明しましたが，ここでは，財・サービスの売り手である生産者の行動を説明していきます。そのために自転車を生産して販売する企業を考えましょう。

自転車の生産には労働者に加えて，工場の機械設備が欠かせませんし，鉄やゴムなどの部品が必要です。このように実際はさまざまなものを投入して，複雑な工程を経て生産は行われます。これら生産に必要なものを**生産要素**といいます。生産要素は大きく分けると，工場の土地や工場設備のように生産される自転車の台数にかかわらず一定量が生産に使われるものと，働く労働者の労働時間や原材料などのように自転車の生産台数に応じて変化するものとがあります。前者を固定的投入要素あるいは**固定要素**，後者を可変的投入要素あるいは**可変要素**といいます。ここでは単純化のために，前者をまとめて**資本**と呼び，後者を**労働**で代表させることにしましょう。そして資本量をK，労働量をLで表すことにします。また自転車の生産量をyとします。

どれだけの自転車が生産できるかは資本と労働の投入量と用いる生産技術によって決まります。資本と労働の投入量KとLと，それによって決まる生産量yの関係を関数の形で，

$$y = F(L, K) \tag{12-1}$$

と表すとき，これを**生産関数**といいます。(12-1)においてLやKが増えるとyも増えますが，どのくらい増えるかは用いる**生産技術**によります。それを決めるのが関数$F(L, K)$です。

2つの生産要素のうち，資本は長期的には工場の拡張などで変化することもありえますが，短期的には一定の工場設備で生産すると考えれば，固定要素となります。したがって，短期的には与えられた資本量Kの下での生産量yは可変要素である労働投入量Lによって決まります。(12-1)でKを一定としたときのLとyの関係を表した曲線が**図表12**です。この曲線は右上がりで，その勾配が徐々に緩やかになっています。すなわち労働投入量Lを増やすと生産量yも増えるが，その増え方は小さくなっていきます。その理由は，一定の大きさの工場設備の中で労働量を増やしていけば生産量も大きくできるが，労働量の増加で工場設備が混雑して労働過剰となり生産量が以前ほどは伸びなくなってくるためです。労働1単位を追加することで増える生産量の大きさを**労働の限界生産性**といいます。**図表12**の曲線が徐々に緩やかになっていることは労働の限界生産性が徐々に小さくなっていくことを意味します。これを労働の限界生産性が逓減するといいます。

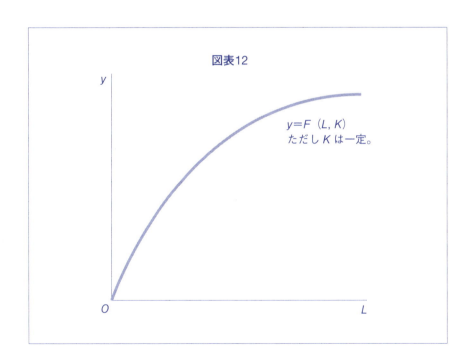

⑬ 総費用曲線

Total Cost Curve

生産者（企業）がある財を生産する時の生産量とそれに伴う生産費用の関係を表すグラフ

　今度は自転車の生産量（生産台数）に応じて生産費がどうなるかを考えましょう。生産費はこの場合，労働者に支払う賃金費用と資本に支払う資本レンタル費用を合わせたものになります。資本レンタルという表現は聞きなれませんが，労働者に労働を提供してもらった見返りに賃金を支払うのと同様に，資金を持った資本家から資金を借りて工場の生産設備を調達した見返りに，資本家に支払う対価をこのように呼びます。

　生産量yと生産にかかる総費用Cとの関係を，**図表13-A**のような数値例を用いて見ていきましょう。生産量yがゼロでも総費用Cは10でゼロではありません。これはなんらかの理由で生産をやめたとき，労働投入量はゼロとできるため労働費用はゼロにできるが，固定要素である資本としての工場設備はそれを設置した時点からその維持管理費が，たとえ生産量がゼロでもかかってくるためです。よって，この資本費用がここでは10として表されています。生産量にかかわらずかかるこのような費用を固定費用といいます。これに対して，労働費用のように生産量に応じて変わってくる費用を可変費用といいます。総費用は固定費用と可変費用を足したものになります。

　図表13-Aの数値例では，生産量が1の時には総費用は12，生産量が2の時には15，さらに生産量が3，4，5，6と増えるに従って，総費用も20，28，38，50と増加しています。横軸を生産量，縦軸を総費用としてこの関係を棒グラフで示しその頂点を結んだ曲線が**図表13-B**に示されています。これを**総費用曲線**といいます。

　図表13-Bの総費用曲線は右上がりでその勾配が徐々に急になっています。

それは**図表12**の生産関数のグラフの勾配が徐々に緩やかになっていることによります。労働を1単位増やして得られる生産量の増加量が徐々に小さくなっていくことは、裏返せば生産を1単位増やすのに必要となる追加労働量が徐々に大きくなることを意味します。よって生産を1単位増やすと、それに伴う生産費用の増加は徐々に大きくなっていきます。

図表13-A

生産台数	総費用	可変費用	限界費用	平均費用
0	10	0	—	—
1	12	2	2	12.00
2	15	5	3	7.50
3	20	10	5	6.66
4	28	18	8	7.00
5	38	28	10	7.60
6	50	40	12	8.33

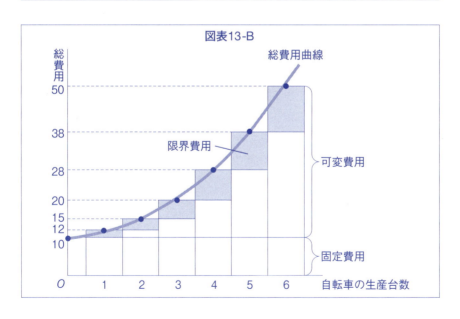

⑭ 限界費用と平均費用

Marginal Cost and Average Cost

限界費用とは生産量をごくわずか増やした時にかかる追加的な生産費用，平均費用は1単位当たりの生産にかかる総費用

⓭で説明した総費用曲線をもとに，ここでは限界費用と平均費用について説明しましょう。自転車の生産の**図表13-A**の例において，生産台数を0から1に1台増やすと総費用は2増えます。さらに生産台数を1から2と1台増やすと，総費用は3増えます。同様にして2から3，3から4，4から5，5から6と1台増やすごとに総費用は5，8，10，12と増えていきます。その関係が**図表14-A**に棒グラフで示されています。

この図に描かれている棒グラフの長さは**図表13-B**の棒グラフのグレーの部分の長さをそのまま移したものです。この棒グラフで示されている長さ，すなわち各生産台数から1台だけ生産を増やした時にかかってくる追加的な生産費用の大きさを**限界費用**といいます。そして各生産台数とそれに対応して決まる限界費用の関係をグラフに表したものを**限界費用曲線**といいます。限界費用の棒グラフの頂点を結んでできる曲線が限界費用曲線となります。限界費用曲線は右上がりとなっていますが，これは生産量が増えるにしたがって，生産量を1単位追加的に生産するのに必要な追加的費用が大きくなっていくことを意味しています。このように生産量の増加とともに限界費用が大きくなっていく場合，限界費用は逓増するといいます。

一般に総費用曲線は棒グラフの頂点を結んでできる折れ線グラフというよりは，**図表14-B**のような滑らかな曲線で表されることが多く，その場合には各生産量に対応する限界費用の大きさは，その生産量における総費用曲線の接線の傾きの大きさで表されます。図表には生産量がy^*の時の限界費用の大きさが例示されています。

次に平均費用について説明しましょう。**平均費用**は自転車1台当たりにかかる総費用の大きさです。すなわち平均費用は，

　　平均費用＝総費用÷生産量

として計算されます。**図表13-A**の自転車生産の例では生産台数が1，2，3，4，5，6，に応じて平均費用は12，7.5，6.66，7，7.6，8.33となります。

　一般的に，平均費用は総生産量曲線上の点と原点を結んだ直線の傾きの大きさで表されます。たとえば**図表14-B**の総費用曲線の場合では，生産量がy^*の時の平均費用は$C(y^*) \div y^*$ですから，図表に示されているようにy^*に対応する総費用曲線上の点Aと原点を結んだ直線の傾きに等しくなります。

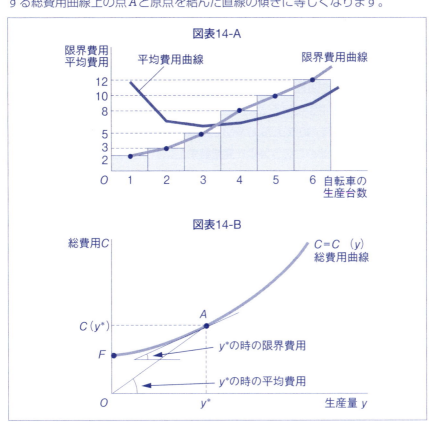

15 完全競争企業

Perfectly Competitive Firm

完全競争企業は市場で成立している価格を販売価格として，その下で利潤を最大にするように生産量（供給量）を決める

今，自転車を生産して販売する企業が多数あるとしましょう。この時ある企業がこの自転車の市場で売られている通常の価格より高い価格で販売しようとしても，お客さんはそれより安い他のメーカーの自転車を買おうとしますから，売ることができません。したがって，多くの企業が競争をして自転車の製造，販売をしている時は，各企業は他より高い価格をつけて売ることは困難ですから，結局その市場で一般的に売られている価格を販売価格とせざるをえないことになります。

このように数多くの企業が同じ製品を製造販売している状況の下で，各企業がお互いに利益を求めて行う競争を**完全競争**といい，完全競争を行っている企業を**完全競争企業**といいます。すなわち完全競争下での企業は製品を自分の好きな価格に設定して販売することはできず，その製品の市場で他の多くの企業がつけている販売価格に従うことになります。企業がみずから価格を設定することができず，その市場で成立している価格に従う場合，このような企業を**プライステイカー（価格受容者）**といいます。

本パートでは完全競争下にある企業，すなわち完全競争企業を考えることにします。市場で成立している価格を p としましょう。企業はこの価格の下で儲け，すなわち利潤がもっとも大きくなるように生産量の大きさを決めます。利潤は売上収入から生産費用を引いた大きさで表されます。価格が p で生産量（販売量）が y の時の売上収入は py であり，生産量 y の時の総費用は $C(y)$ ですから，生産量が y の時の利潤を $\pi(y)$ とすると，

$$\pi(y) = py - C(y) \tag{15-1}$$

です。生産量yの大きさによって，利潤$\pi(y)$の大きさはさまざまですから，利潤$\pi(y)$がもっとも大きくなるような生産量yを選んで，その生産を行うことが企業の最適な行動になります。

column 経済学で使う「限界」の意味

ミクロ経済学では限界代替率や限界費用など「限界」が頭につく用語がよく出てきます。経済学における「限界」の意味は数学の微分の概念に相当します。

限界費用の例を用いて説明しましょう。費用関数を$C=C(y)$と表した時の限界費用は正式には$C(y)$を微分して得られる導関数$dC(y)/dy$を用いて表します。

微分を用いないように，テキストではよく生産量yの1単位の増加に伴う生産費用Cの増加を限界費用と説明しますが，より正確には次のように考えます。yの増加分をΔyとします。それに伴って増加する費用は$C(y+\Delta y) - C(y)$で表されます。そこでyの増加に伴うCの増加の比率は$(C(y+\Delta y) - C(y))/\Delta y$となります。$\Delta y$を限りなくゼロに近づけた時のこの比率が正確な限界費用の意味です。

右の図に示されるように，ΔyをΔy_1とした時のこの比率は直線l_1の傾きを表します。ΔyをΔy_1より小さいΔy_2とした時は直線l_2の傾きになります。Δyをさらに小さくしていくと結局最終的にこの比率は点Aにおける曲線$C(y)$の接線l_3の傾きとなります。これが限界費用の大きさを表します。

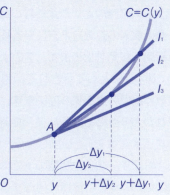

16 最適な生産量の決定

完全競争企業の利潤が最大となるのは価格と
限界費用が等しくなるような生産量水準で生産を行う時である

　完全競争企業の利潤を最大にするような生産量はどのような大きさかを見ていくことにしましょう。売上収入は価格×生産量ですから，売上収入をRで表すと，$R=py$となります。Rを縦軸，yを横軸にとると$R=py$のグラフは傾きpの正比例の直線になります。**図表16**にこの直線が描かれています。また，この企業の総費用曲線C（y）のグラフは**図表14-B**のような形をしているものとしましょう。この曲線も**図表16**に描かれています。

　⓯の（15-1）式で示されているように利潤$π$（y）は，売上収入$R=py$から総費用$C=C$（y）を差し引いた大きさですから，売上収入の直線と総費用曲線の縦の幅の長さで表されます。たとえば，生産量がy^*の時の利潤の大きさは垂直の線分ABの大きさになります。この縦の幅がもっとも大きくなるようなyを選べば，利潤は最大になります。

　売上収入の直線と総費用曲線の縦の幅がもっとも広くなるyを見つけるために，売上収入の直線を下方に平行移動していき，ちょうど，総費用曲線から離れる瞬間で移動を止めます。このように売上収入の直線を平行移動した後の直線がGDの直線として示されています。E点は平行移動した直線が総費用曲線と離れる瞬間の点を表しています。

　すなわちE点における総費用曲線の接線がGDとなっています。このE点に対応する生産量を$\hat{y}$としましょう。$\hat{y}$のもとでの利潤の大きさは直線FEの長さで表されます。ある生産量の下での利潤の大きさは，売上収入の直線と総費用曲線の間の，その生産量に対応する縦の幅で，その幅がもっとも大きくなるのは，$\hat{y}$の時の長さFEです。よって，生産量が$\hat{y}$の時に利潤は最大となります。

利潤を最大にする生産量$\hat{y}$のもとでは限界費用の大きさはその時の総費用曲線の接線の傾きの大きさ，すなわち直線GDの傾きの大きさになります。直線GDは売上収入の直線を平行移動したものですから，この2つの直線の傾きは同じです。売上収入の直線$R=py$の傾きの大きさはp，すなわち価格の大きさですから，結局，利潤を最大にする生産量$\hat{y}$のもとでは価格と限界費用が等しくなります。よって，利潤を最大にする生産量を求めるためには，その生産量に対応する限界費用が市場から与えられている財の価格に等しくなるような生産量の水準を求めればよいことになります。

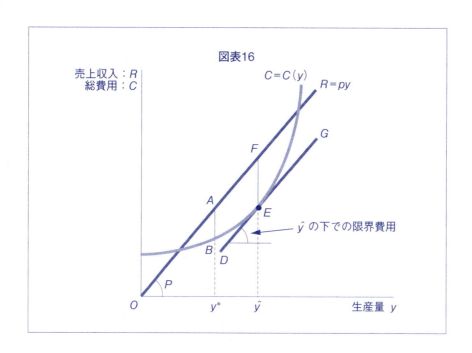

限界費用曲線と平均費用曲線

Marginal Cost Curve and Average Cost Curve

総費用曲線が図表13-Bのような場合，限界費用曲線は右上がりとなり，U字型の平均費用曲線の最低点を通る

　ここでは，総費用曲線が**図表13-B**のような形をしている場合の限界費用曲線と平均費用曲線のグラフを描き，その関係を見ることにしましょう。❹で説明したように，各生産量に対応する限界費用は総費用曲線のその生産量に対応する接線の傾きで表されました。**図表17**に示されているように，総費用曲線の接線の傾きは生産量が増えるほど大きくなっています。よって生産量yの時の限界費用を$MC(y)$と表すことにすると，yが大きくなるほど$MC(y)$も大きくなります。すなわち**限界費用曲線**は右上がりの曲線として❽の**図表18**に描かれています。

　次に平均費用曲線を描きましょう。❹で説明したように，各生産量に対応する平均費用は原点とその生産量に対応する総費用曲線上の点を結んだ直線の傾きで表されます。生産量yの時の平均費用を$AC(y)$で表すことにしましょう。yが小さいところではyの増加とともに$AC(y)$は下がっていきます。そしてyがy_0となった後はyの増加に対して，今度は$AC(y)$は上がっていきます。よって，$AC(y)$のグラフ，すなわち平均費用曲線は❽の**図表18**に描かれるようにy_0で最低となるU字型になります。

　yがy_0より小さい時は$AC(y)$の方が$MC(y)$より大きくなります。たとえば，**図表17**でyがy_1の時の$AC(y_1)$と$MC(y_1)$を比べてみてください。明らかに$MC(y_1) < AC(y_1)$となっています。よってyがy_0より小さい時は平均費用曲線は限界費用曲線より上の方にあることになります。逆にyがy_0より大きい時は$MC(y)$の方が$AC(y)$より大きくなります。

　たとえば，**図表17**でyがy_2の時の$AC(y_2)$と$MC(y_2)$を比べてみてくださ

い。明らかに $AC(y_2) < MC(y_2)$ となっています。y が y_0 の時は，それに対応する総費用曲線の接線と原点から対応する総費用曲線上の点を結んだ直線は同じになるため，限界費用と平均費用は等しくなります。すなわち，$MC(y_0) = AC(y_0)$ です。よって，限界費用曲線と平均費用曲線は y が y_0 のところで交わります。

　以上のことから，❶の**図表18**で示されているように，限界費用曲線は右上がりとなり，U字型の平均費用曲線の最低点を下方から上方に突き抜けることになります。

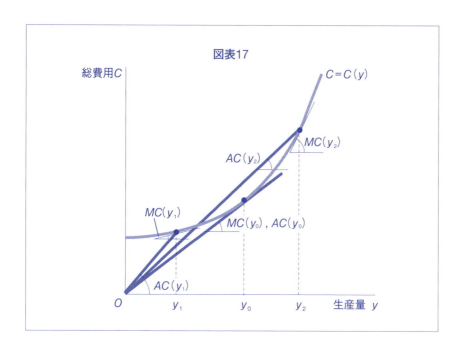

図表17

⑱ 利潤の大きさ

Profit

財の価格が p^* の時の企業の最大利潤は生産量を y^* として図表18の長方形 $AEDG$ の面積で表される

　図表18において，限界費用曲線と平均費用曲線を利用して，企業の最適な生産量に対応する利潤，すなわち企業の最大利潤がどのように表されるか見ていきましょう。

　今，財の市場での価格が p であるとしましょう。この時最適な生産量の水準は⑯で見たように価格と限界費用が等しくなるところで決まります。価格 p の大きさが縦軸の OA の長さで表されるとすると，それに等しい限界費用を与える生産量 y は限界費用曲線に沿って，縦軸の OA に対する横軸の OB で表されます。⑯で説明したように利潤 π は売上収入 R から生産費用 C を引いた残り，すなわち，$\pi = R - C$ と表されます。$R = py$ であるから，売上収入 R は $OA \times OB$，すなわち長方形 $OAEB$ の面積で表されます。

　一方，生産費用は $C = C(y)$ です。生産量 y に対応する平均費用 $C(y)/y$ は平均費用曲線に沿って，生産量 y に対応する縦軸の長さ OG で表されます。

　長方形 $OGDB$ の面積は

$$OGDB = OG \times OB = \frac{C(y)}{y} \times y = C(y)$$

となるから，生産量 y の総費用に他なりません。よって，生産量が y の時の利潤は長方形 $OAEB$ の面積から長方形 $OGDB$ の面積を引いた長方形 $AEDG$ の面積となります。

　生産量が y の時の利潤が長方形 $AEDG$ の面積となることは次のように考えてもよいでしょう。1単位の生産量はそれを売ることで価格 p，すなわち OA だけの収入をもたらします。一方，生産量が y の時の平均費用は OG ですから1

単位の生産にかかる費用はOGです。よって、1単位の生産から得られる利益はOAからOGを引いたAGとなります。よって生産量yがOBで表される時の利潤は$AG \times OB$、すなわち長方形$AEDG$の面積となります。

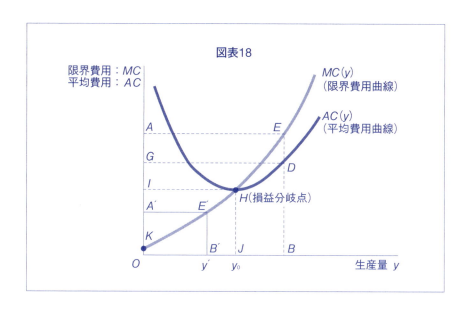

図表18

⑲ 損益分岐点と操業停止点

Zero Profit Point and Shutdown Point

限界費用曲線上で，企業の利潤がゼロとなる点が損益分岐点，
企業が操業を停止しても操業しても損益が同じになる点が操業停止点

⑱で説明したように，市場から価格が与えられた時に，その価格のもとで企業は利潤をあげることができるかどうかは，その価格に対応する最適な生産量のもとでの限界費用が平均費用より大きいかどうかで決まることになります。

図表18または**図表19**において限界費用曲線と平均費用曲線が交叉する点Hに対応する縦軸の点をI，横軸の点をJとしましょう。市場から価格がOIの大きさで与えられている時には，企業の最適な生産量は限界費用OIに対応する生産量OJ（すなわち**図表17**のy_0の大きさ）となります。この時，平均費用は限界費用OIに等しく，よって平均費用は価格OIに等しいため，企業の利潤はゼロになります。価格が縦軸のOIよりも大きいならば，企業は正の利潤をあげることができますが，OIより低い場合には企業は正の利潤をあげることができず，赤字になります。そのちょうど分かれ目である点，すなわち利潤がゼロとなる点Hを**損益分岐点**といいます。

市場から価格が与えられた時，完全競争企業は価格に限界費用が等しくなるように生産量を決定することはすでに説明しました。よって，**図表19**において，市場価格を縦軸にして限界費用曲線を描くと，縦軸の価格に対応する生産量が限界費用曲線を介して横軸に決まります。しかし，上で述べたように価格が損益分岐点より低いと，正の利潤を得ることができません。このような時でも企業は生産を行った方がよいのでしょうか？

企業が生産をストップすると，生産量はゼロですから，売上収入Rはゼロになりますが，総費用$C(y)$は$y=0$とすると，**図表14-B**によって，$C(0)=F$となります。ここでFは固定費の大きさを表しています。よって生産を行わな

いと固定費Fの分だけの赤字が発生します。このことを考慮に入れると，生産を行うことで赤字が発生しても，その赤字が固定費Fより小さければ，生産をした方がよいことになります。

　生産を行うことによって発生する赤字が固定費Fを上回るならば，生産をストップした方がよいことになります。この分かれ目の点，すなわち企業の赤字がちょうど固定費分の大きさになる点を**操業停止点**といいます。❷では供給曲線を求めるため，操業停止点が**図表19**の限界費用曲線上のどこで与えられるかを見ていくことにしましょう。

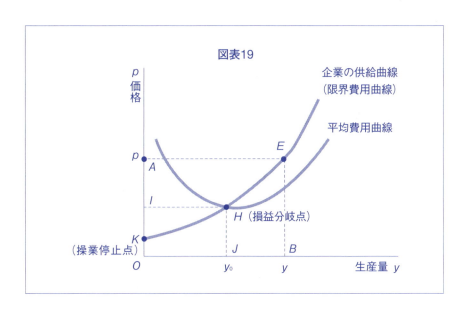

⑳ 供給曲線

Supply Curve

企業の供給曲線は限界費用曲線上の操業停止点より上の部分

　固定費の大きさが**図表18**でどのように表されるかを調べてみましょう。⑬で説明したように，総費用＝可変費用＋固定費でした。可変費用は生産量の大きさyに依存して決まるため，これを$V(y)$と表すことにします。可変費用の大きさをグラフで表すと，限界費用曲線の下方で横軸と囲まれる部分の面積になります。これを**図表13-B**と**図表14-A**の棒グラフの例を用いて示しましょう。

　図表13-Bで生産量が6の時の可変費用の大きさは総費用50から固定費10を引いた40となります。これは**図表14-A**で，生産量が1から6までの限界費用の大きさ，すなわちグレー部の長さをすべて足したものに等しくなっています。これらのグレーの部分をすべて足した面積は，限界費用曲線の生産量6まで下方の面積となっています。

　さて，総費用＝可変費用＋固定費は$C(y) = V(y) + F$と表せます。そこで生産量がyの時の利潤$\pi(y)$は$\pi(y) = py - (V(y) + F)$と表せます。特に市場価格が**図表18**のOIで与えられている時には，企業の最適な生産量はy_0であり，その時の利潤はゼロとなることはすでに説明しました。すなわち$\pi(y_0) = 0$です。またこの時の企業の売上げ収入pyは$OIHJ$ですから，固定費Fは$OIHJ$から$V(y_0)$を引いた大きさとなります。一方，$V(y_0)$は$y = y_0$までの限界費用曲線の下方の面積，すなわち$OKHJ$で囲まれた面積になります。よって，固定費FはIHKで囲まれた面積の大きさになります。

　市場から与えられた価格が**図表18**のOIより高ければ正の利潤が得られますが，OIより低い場合には利潤は負となります。すなわち赤字となります。この赤字の大きさを求めてみましょう。そのために，**図表18**において価格が今，

OA' の大きさであるとしましょう。この時の企業の最適な生産量は y' であり，売上げは収入が □ $OA'E'B'$ の面積，可変費用 $V(y')$ は $OKE'B$ で囲まれた面積，固定費は IHK で囲まれた面積となりますから，結局 $IHE'A'$ の面積分の赤字が発生します。これは固定費の大きさよりも小さいから，操業をした方がよいことになります。

　価格が OK より高ければ，赤字が発生しても，それは固定費より小さいため，操業することになります。価格が OK の大きさになると最適な生産量はゼロで，固定費分の赤字が発生します。よって，この場合，K 点が操業停止点ということになります。

　以上から次の事がわかります。市場から与えられた価格が OK より大きいならば，企業は生産を行います。そして生産量の大きさは価格に限界生産が等しくなるように，限界費用曲線に対応して決まる事になります。この関係が**図表19**に企業の供給曲線として示されています。価格が p として与えられると，限界費用曲線である企業の供給曲線によって，その価格に対応して生産量が決まります。よって今の場合，限界費用曲線は企業にとっての**供給曲線**となります。

　総供給曲線が**図表14-B**のような形状をしている場合には，操業停止点が y 軸上の K 点となるため，限界費用曲線全体が企業の供給曲線となります。しかし，総費用曲線の形状によっては操業停止点が限界費用曲線上の損益分岐点 H の下方で $y>0$ の部分のどこかの点になることもあります。その場合は，その点より上方の部分の限界費用曲線が企業の供給曲線となります。

　図表19において，価格が p のときの企業の生産量すなわち供給量は y ですから売上げ収入は □ $OAEB$ の面積となります。一方この時の可変費用は $OKEB$ で囲まれた面積となります。そこで AEK で囲まれた面積，すなわち供給曲線の上方の第１象限の部分の面積は利潤と固定費用を合わせた大きさになります。この部分の大きさを**生産者余剰**といいます。固定費はどのような生産水準でも同じですから，生産者余剰が大きいほど利潤が大きいといえます。生産者余剰については❷で詳しくとりあげます。

21 短期と長期

Short-run and Long-run

長期の総費用曲線は短期の総費用曲線の包絡線で表される

ある金属部品を供給する企業を考えましょう。この企業は労働と工場設備，それに原材料を投入して，金属部品を生産しています。金属部品の生産量の調節は，1年のうちで需要の多い時期と少ない時期の調節といった短期的なものであれば，工場設備の大きさはそのままにして労働雇用量で調節することになります。このような短期的な生産量の調節に伴う生産量と総費用との関係をグラフにしたものを**短期の総費用曲線**といいます。この場合，生産量をゼロにしても，この工場設備維持のための固定費がかかります。そして，備えている工場設備の規模によって短期の総費用曲線は異なります。

工場設備の大きさを小さい順に K_1，K_2，K_3，とします。すなわち $K_1 < K_2 < K_3$ とします。工場設備が大きいほど固定費用も大きいため，K_1，K_2，K_3 のそれぞれに対応する固定費を，F_1，F_2，F_3 とすると，この場合 $F_1 < F_2 < F_3$ となります。このことを考慮すると，K_1，K_2，K_3 のそれぞれに対応する短期の総費用曲線は**図表21**における SC_1，SC_2，SC_3 のようになります。今工場設備が K_1 の時 y_A の生産を行うのにかかる総費用は C_1 です。短期的に生産量を y_A から y_B まで増加させると，総費用は短期の総費用曲線 SC_1 に対応して C_1' となります。

今生産量を y_A から長期的に y_B にまで増加させることを考えると総費用はどうなるでしょうか。たとえば，現在の生産は K_1 の設備の下で y_A だけ行っていますが，これを5年後に y_B にまで増加させることを考えるとしましょう。この時，5年間の間に工場設備を K_1 から K_2 とすることによって，y_B を生産するための総費用は K_2 の下での短期の総費用曲線に対応する C_2 となり，C_1' より小

さくできます。

　長期的には工場設備をも変える時間的余裕があるため，各生産量に対して総費用がもっとも小さくなる工場設備にすることができます。生産量がy_CであればK_2をさらにK_3の設備とすることになります。よって，長期的に工場設備も調節して生産量に対応する時の総費用曲線は，SC_1，SC_2，SC_3の各曲線の一番低い部分をつなぎあわせることによってできる曲線LCになります。**図表21**では曲線LCが破線で示されています。この曲線LCを**長期の総費用曲線**といいます。すなわち，長期の総費用曲線は短期の総費用曲線SC_1，SC_2，SC_3の包絡線として求めることができます。

　長期の総費用曲線では生産量をゼロとする場合には設備をなくすことができますから設備の維持にかかる固定費は発生しません。よって，長期の総費用曲線LCは原点から出発する右上がりの曲線になります。もし長期の総費用曲線が**図表21**に見るように生産量が大きくなるにしたがってその勾配が急になるのであれば，長期の限界費用曲線は短期の費用曲線と同様にして右上がりとなります。そして長期の場合には操業停止点と損益分岐点はともに原点となり，供給曲線は限界費用曲線全体で表されます。また長期の場合の生産者余剰の大きさも短期の場合と同様に長期の費用曲線を用いて表すことができます。ただし，長期の総費用は資本も労働と同じく可変費用になるため，固定費がありません。よって，このときの生産者余剰は利潤に等しくなります。

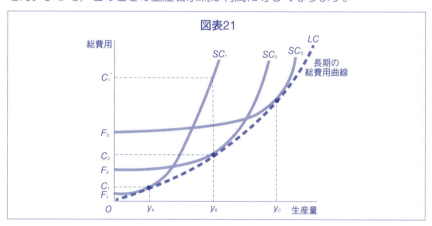

EXERCISE

1. 下の**図表A**は費用関数$C=(1/2)y^2+y+2$をグラフに表したもので，**図表B**はその限界費用関数$MC=y+1$と平均費用関数$AC=(1/2)y+1+(2/y)$をグラフに表したものです。ただしCは総費用，yは生産量，MCとACはそれぞれ限界費用と平均費用とします。次の問に答えなさい。

   (1) p_0の大きさを求めなさい。

   (2) 生産物の価格が7の時，最適な生産量とその時の利潤の大きさを求めなさい。

   (3) 次の文章の□内に適当な語句を入れなさい。

   　この費用関数の下では固定費の大きさは ア です。**図表B**において財の価格がp_0の時，利潤の大きさは イ となります。よってE点を ウ といいます。また，**図表B**のグレー部で示された面積の大きさは エ の大きさを表しています。生産量y^*を生産するための費用は**図表A**でC^*と表されていますが，この大きさは**図表B**では四角形 オ の面積の大きさに等しくなります。

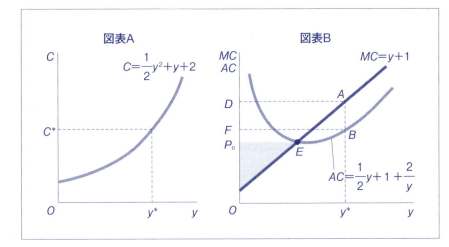

ミクロ ③ 市場の均衡

ワルラス
Walras, Marie Esprit Leon 1834～1910

フランスに生まれスイスで活躍した理論経済学者で、ローザンヌ学派の祖とされます。競争均衡における価格の資源配分機能を定式化した、一般均衡理論を創始しました。n個の市場がある時に、$n-1$個の市場で均衡が成立しているならば、残り1つの市場でも均衡が成立しているとする、いわゆるワルラス法則は偉大な貢献です。また価格による市場均衡への調整過程は彼に由来してワルラス的調整とよばれます。主著は『純粋経済学要論』(1874～77) です。

パレート
Pareto, Vilfredo Federico Damaso 1848～1923

イタリアの経済学者で、ワルラスの後継者としてローザンヌ大学教授となりました。厚生経済学の基礎を確立し、その名はパレート最適、パレート改善などの経済学用語に残されました。他の経済状況を悪化させずに一個人の経済状態が改善されるならば、パレートの意味で改善があったといい、それが不可能ならば経済はパレート最適な状態にあるといいます。その他の業績として、所得分布に関する経験的な法則（パレート法則）の発見などもあります。

22 完全競争市場

Perfectly Competitive Market

多くの企業や消費者が与えられた市場価格の下で，それぞれ利潤最大化や効用最大化に従って生産量や購入量を決めている市場

　ミクロ2で完全競争企業について説明をしました。きわめて多くの企業が同一の財を生産し販売する競争をしている場合，その一つひとつの企業は価格をみずから設定することができず，市場で成立している価格を見て，その価格の下で利潤が最大となるように生産量を決めます。このような企業を**完全競争企業**といいます。

　同様に財の購入者である消費者もきわめて多数存在している場合，他人より安く生産者から買おうと交渉をしても，生産者にとっては他に多くの消費者がいるため特定の人にのみ安く売る必要はなく，このような交渉は成立しません。よって消費者もきわめて多数存在している場合には，市場で与えられる価格の下で効用が最大となるように購入量を決めることになります。これはミクロ1で説明したとおりです。

　このようにある財の市場にきわめて多くの消費者（財の需要者）ときわめて多くの生産者（財の供給者）がいて，それぞれの消費者や企業は市場で与えられる価格を見て，それに従って購入量や生産量を決める，そのような市場を**完全競争市場**といいます。

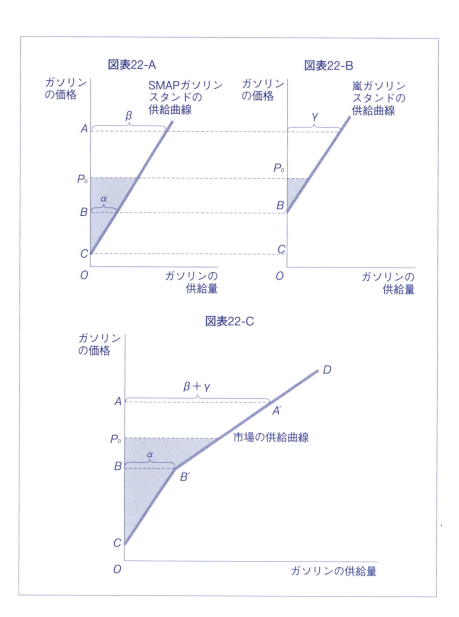

市場の需要曲線と供給曲線

Market Demand Curve and Market Supply Curve

各価格に対する各消費者（各生産者）の需要量（供給量）の合計量と，その価格との関係を市場の需要（供給）曲線という

　完全競争市場での個々の消費者の需要曲線はミクロ1の⓫で示されています。これら個々の消費者の需要量をそれぞれの価格の下で合計すると市場全体の需要量が得られます。価格とそれに対する市場全体の需要量との関係を表したものが，**市場の需要曲線**です。

　たとえば，自動車を運転する中居君と大野君の2人の消費者からなるガソリンの市場を考えましょう。

　図表23-Aと**図表23-B**に，この2人の需要曲線が表されています。市場の価格がOCの時，中居君と大野君の需要量はそれぞれβとγですから市場の需要量は$\beta+\gamma$となります。この大きさは**図表23-C**にCC'として表されています。すべての価格についてこのような操作をすることで，市場の需要曲線が$AB'C'D$の曲線として描けます。

　生産者の場合も同様で，個々の生産者の供給量をそれぞれの価格に応じて加えると，それぞれの価格の下での市場の供給量が得られます。それぞれの価格に対する市場の供給量の関係をグラフにしたものが**市場の供給曲線**です。たとえば，SMAPガソリンスタンドと嵐ガソリンスタンドの2つのガソリンスタンドからなるガソリンの市場を考えましょう。

　この2つのガソリンスタンドの供給曲線は㉒に掲げた**図表22-A**と**図表22-B**で与えられています。消費者の時と同様にして，この場合の市場の供給曲線は**図表22-C**の$CB'A'D$となります。

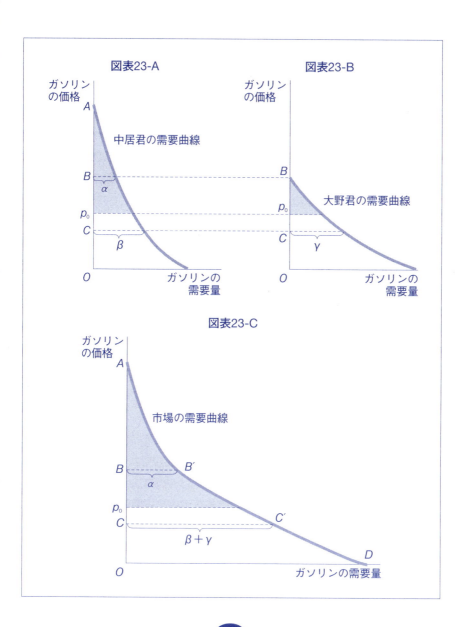

24 市場の均衡

Market Equilibrium

市場の需要量と供給量が等しい状態を市場の均衡といい，市場を均衡させる価格を均衡価格という

　ある財の市場が完全競争市場であるとしましょう。そしてこの財の市場の需要曲線と供給曲線が，それぞれ図表24のDD'とSS'の曲線で表されているものとしましょう。

　もし市場の価格がp_1であるならば，この財に対する供給量はy_1で需要量はx_1ですから，$e_1=y_1-x_1$だけの売れ残りが生じます。この売れ残りe_1は供給量が需要量よりも多いために生じることから，**超過供給**といいます。超過供給がある場合にはこの超過供給（売れ残り）を解消するように市場の価格が下がります。

　一方，価格が図表のようにp_2の時には逆に需要量が供給量を$e_2=y_2-x_2$だけ上回ります。すなわち品不足が発生しています。この品不足の大きさe_2は需要量が供給量より大きいために生じます。品不足の大きさe_2を**超過需要**といいます。超過需要（品不足）が発生している時は，これを解消するために市場の価格は上昇する傾向があります。

　すなわち売れ残りがある時は価格が下がり，品不足する時は価格が上がるという価格の変動を通して，価格は最終的に市場の需要量と供給量が等しくなるp_0の水準に達します。

　市場の需要量と供給量が等しい時の価格を市場の**均衡価格**といいます。p_0が均衡価格です。

　価格が均衡価格になっていて，市場の需要量と供給量が等しくなっている状態を，**市場は均衡している**といいます。すなわち市場の均衡とは市場の状態が点Eにある時をいいます。

市場の均衡下での財の取引では，均衡価格p_0の下で供給量y_0と需要量x_0は同じですから売れ残りや品不足は生じません。この均衡における取引の量（$x_0 = y_0$）を**均衡取引量**といいます。

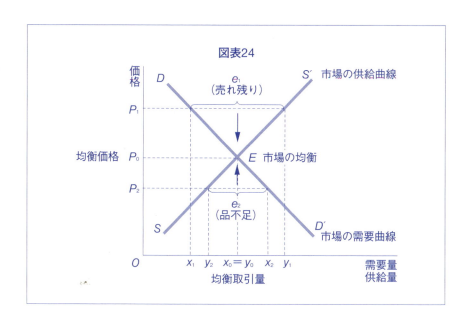

図表24

25 消費者余剰

Consumers' Surplus

財・サービスの消費から得られる満足度の金銭的評価からその財・サービスの購入に支払った額を差し引いた大きさ

　消費者が一定額の金銭を支払って財・サービスを購入してそれを消費する時，消費者に一定の利益がもたらされています。消費者にもたらされるこの利益を消費者余剰といいます。

　消費者余剰がどのような大きさで表されるかを見るために，需要曲線を用いることにしましょう。**図表25-A**はイチロー君が１週間に購入したいと思っているビールの量と価格の関係を表す需要曲線が示されています。図表ではビール１缶が1,000円の時，１缶を購入，800円なら２缶，600円なら３缶，400円なら４缶，300円なら５缶を購入する需要曲線が描かれています。

　今ビール１缶の価格が400円としましょう。この時，イチロー君は４缶を購入することになります。しかしイチロー君は１缶が1,000円であったとしても１缶を購入しますから，４缶のうちの最初の１缶に対しては1,000円を支払ってもよいと思っていることになります。この１缶を実際は400円で購入しているため，最初の１缶の購入から600円の儲けが発生しています。次に２缶目に対しては800円を支払ってもよいと思っているのに対して400円を支払って購入していますから，400円の儲けが発生しています。同様に３缶目からは200円の儲けが発生しています。４缶目は支払ってもよい額400円は価格と同じですから損得なしです。以上から１缶400円のビールを需要曲線に従って４缶を買うと合計1,200円（＝600円＋400円＋200円）が消費者であるイチロー君の儲けとなります。これは図のグレー部の大きさで表されています。この儲けの大きさが**消費者余剰**です。

　すなわち，消費者余剰は購入した財・サービス全体から得られる満足度を金

銭的に評価した額から，それを購入するために支払った額を引いた大きさとなります。ビール4缶すべてから得られる満足度の金銭的評価は1,000＋800＋600＋400＝2,800円となります。それに対して4缶の購入に対して支払う額は400×4＝1,600円ですから2,800－1,600＝1,200円が消費者の儲け，すなわち消費者余剰となります。

一般に需要曲線が**図表25-B**のようなDD'曲線で与えられている時，価格pの下でxを購入することから得られる消費者余剰の大きさは△DABで表されるグレー部の大きさとなります。

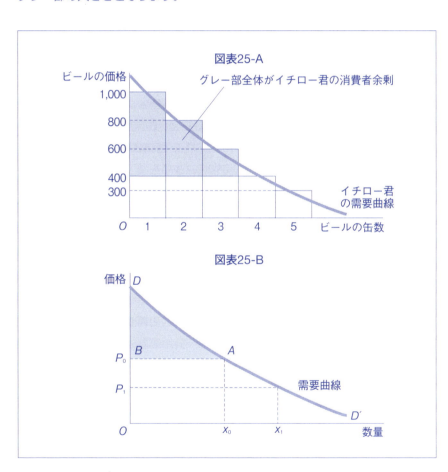

㉖ 生産者余剰

Producers' Surplus

生産者の場合は利潤と固定費用の合計が生産者余剰

　生産者の供給曲線はミクロ２の❶の図表19で示したように，右上がりの限界費用曲線で表されます。これをもとにして，生産者の儲けを見ていきましょう。

　限界費用とは１単位の生産を追加する時にかかる追加的費用でした。**図表26-A**にビールを生産するある企業のビールの供給曲線，すなわち限界費用曲線が描かれています。この曲線によると，最初の１缶の生産は100円，２缶目は120円，３缶目は150円，４缶目は180円，５缶目は200円の費用がそれぞれかかることになっています。これらの費用は生産を増やすときに必要となる費用のため可変費用に属するものです。今ビール１缶の市場価格が180円とすると，この企業の生産量は４缶となります。

　この時，最初の１缶からは100円で生産して180円で売りますから80円の儲けが得られます。同じように考えると，２缶目からは60円，３缶目からは30円の儲けが得られ，４缶目からは利潤なしとなります。すなわち価格180円の下で儲けを最大にするために供給曲線に従って４缶を生産すると，その時の儲けの大きさはグレー部の面積で表されます。この儲けの大きさを**生産者余剰**といいます。

　すなわち，価格180円の下で４缶を生産して得られる収入720円（＝180×４）から４缶を生産するための可変費用550円（＝100＋120＋150＋180）を引いた大きさが170円となります。これが生産者余剰です。よって，生産者余剰は売上げ収入から可変費用を引いた大きさですから，利潤と固定費を合わせた大きさになります。

一般的に**図表26-B**のような供給曲線SS'の場合，価格p_0に対して生産量y_0を生産し市場に供給しますが，その財の生産者余剰はグレー部△ABSの大きさになります。

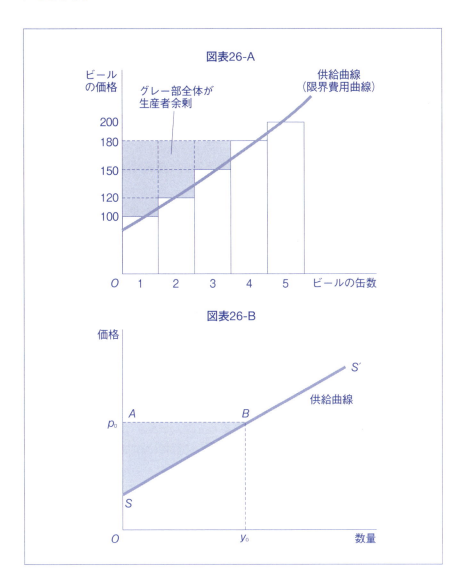

㉗ 社会的余剰

Social Surplus

ある市場において消費者や生産者など市場での取引に参加する人たちの余剰全体

　図表23-Aと図表23-Bで価格p_0の時，各消費者の消費者余剰はそれぞれグレー部の大きさで表されます。この時，市場全体での消費者余剰の大きさをこれら各消費者の消費者余剰の合計で表すとすると，**市場全体の消費者余剰**の大きさは図表23-Cの市場の需要曲線から，価格p_0をもとにして同じような方法で求めることができます。すなわち市場全体の消費者余剰の大きさは図表23-Cのグレー部の大きさになります。

　図表22-A，図表22-Bにおいて価格p_0の下での各企業の生産者余剰がグレー部で示されています。この時，**市場全体の生産者余剰**はこれらを合計した大きさですから，それは市場全体の供給曲線を使って，図表22-Cのグレー部の面積となります。

　さて完全競争市場における市場の均衡は㉔で説明したように，市場の需要曲線と供給曲線の交点で表されます。図表27で市場の需要曲線と供給曲線をそれぞれDD'，SS'とすると，点Eが市場の均衡です。この点Eで市場取引が行われるとしましょう。この時の価格は均衡価格p_0で取引量は均衡取引量x_0です。

　よって消費者全体は価格p_0の下で数量x_0を購入しますから消費者全体の余剰，すなわち市場全体の消費者余剰は△DEp_0の面積になります。一方，消費者全体は均衡価格p_0の下でx_0を生産して供給しますから生産者全体の余剰，すなわち市場全体の生産者余剰は△p_0ESとなります。

　そこで市場取引によって作られる余剰は，これら消費者と生産者の余剰を合計した大きさになります。この市場取引によって発生する総余剰を**社会的余剰**といいます。均衡点Eで取引が行われる時に発生する社会的余剰は，市場全体

の消費者余剰△DEp_0と市場全体の生産者余剰△p_0ESの合計である△DESの面積の大きさになります。

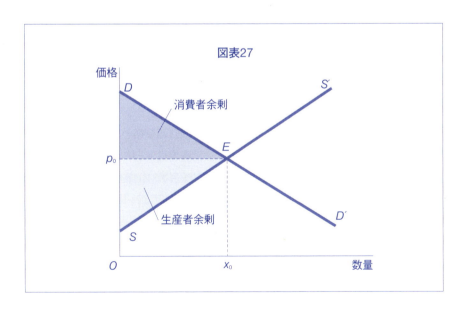

図表27

㉘ 消費税と社会的余剰

Consumption Tax and Social Surplus

政府が市場取引に消費税を課して市場に介入すると社会的余剰は減少する

ガソリンの市場を考えましょう。**図表28**においてこの市場の需要曲線と供給曲線がDD'とSS'で与えられている時，市場の均衡はE点で，この時の均衡価格は100円，均衡取引量は20万ℓとなっています。

今，この市場に**消費税**を導入するとしましょう。1ℓの取引に10円の消費税を課すものとしましょう。この時均衡価格や均衡取引量はどのようになるでしょうか。

生産者は各生産量（供給量）を従来の価格より10円高い価格で供給することになります。なぜなら，1ℓの売上げのうち10円分を消費税として政府に納めなくてはならないからです。

よって市場の供給曲線はSS'からこれを10円だけ上方に平行移動したTT'の曲線になります。よって市場の均衡点はEからE'に変化します。その結果，消費税導入後の均衡価格は106円に値上がりして，均衡取引量は18万ℓに減少します。

消費税を導入する前の社会的余剰は，消費者余剰△DEAと生産者余剰△AESを合計した△DESでした。消費税導入後は，消費者は106円で18万ℓを購入するから消費者余剰は△$DE'C$となります。消費者余剰は消費税導入によって減少します。一方，生産者については106円で販売して10円を税金として政府に納めるから実質96円で18万ℓを販売することになり，生産者余剰は△BGSとなり，やはり消費税の導入によって減少します。

消費税導入後の社会的余剰をみてみましょう。消費者余剰△$DE'C$と生産者余剰△BGSに加えて政府の税収分，すなわち10円×18万ℓの長方形$CE'GB$を

加えた台形の面積 $DE'GS$ が消費税導入後の社会的余剰となります。

明らかに消費税を導入すると社会的余剰は導入前に比べて $\triangle E'EG$ だけ小さくなります。このように一般的に政府が市場の取引に介入して完全競争市場で成立している市場均衡での取引に影響を与えると、社会的余剰は小さくなることが知られています。

すなわち、通常の完全競争市場での市場取引は、政府の介入のない消費者と生産者の自由な取引が社会的余剰をもっとも大きくするため、社会的に望ましいと考えられています。

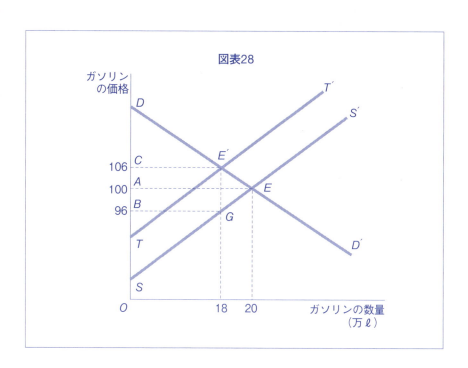

29 貿易の自由化と社会的余剰

Trade Liberalization and Social Surplus

貿易の自由化は社会的余剰を大きくする

日本のコメ市場を考えましょう。図表29にみるように，この市場の需要曲線と供給曲線をそれぞれ DD'，SS' とすると，市場の均衡は E で与えられます。この時の価格は p_0，取引量は x_0 です。そして社会的余剰は消費者余剰 △DEF と生産者余剰 △FES を合わせた △DES で表されます。

今，政府は日本のコメ市場を海外に開放して，海外との貿易が自由にできるようにしたとしましょう。海外ではコメが日本の国内の価格 p_0 より安い p_1 の価格で売られていたとしましょう。この時，日本の消費者は p_0 で国内のコメを買うのをやめて，海外のコメを p_1 で買うようになるでしょう。そこで，日本の国内の生産者は価格 p_0 での販売をあきらめて，海外で売られているコメの価格 p_1 で販売せざるをえません。

消費者は価格 p_1 で x_1 の量を購入して消費します。生産者は価格 p_1 で y_1 の量を生産します。よって消費量が生産量を上回ります。その大きさ x_1-y_1 は海外からの輸入によってまかなわれます。これがコメ市場を開放してコメの貿易の自由化をした場合の状況です。

この時の日本国内の生産者余剰は △ACS となり，自由化前の生産者余剰 △FES より小さくなります。一方，消費者は自由化前の消費者余剰 △DEF に対して，自由化後は △DBA となり増加します。自由化後の社会的余剰は生産者余剰 △ACS と消費者余剰 △DBA を合計した $DBCS$ で囲まれる面積（グレー部）となり，自由化前の △DES に比べて △EBC だけ大きくなります。

上述のように，一般的に貿易の自由化は社会的余剰を大きくします。貿易の自由化や市場開放が好ましいとされるのはこのような見方に立っているからで

す。いいかえるなら，海外でコメが安く売られていても，日本の消費者が海外から安いコメを自由に買えないように日本の政府がコメの輸入を禁止すると，日本のコメ市場から得られる社会的余剰は小さくなります。

　以上に見てきたように，消費税の導入や貿易の禁止などによって政府が民間の自由な経済活動に介入すると，社会的余剰を小さくすることになります。したがって，政府はできるだけ市場に介入しないで民間の自由な取引に市場をまかせた方がよいといえます。

　しかしこれには市場の失敗といわれるいくつかの例外的な場合があります。そのような例外的な場合には，むしろ政府の適切な介入があった方が望ましいことになります。これはミクロ5で扱います。

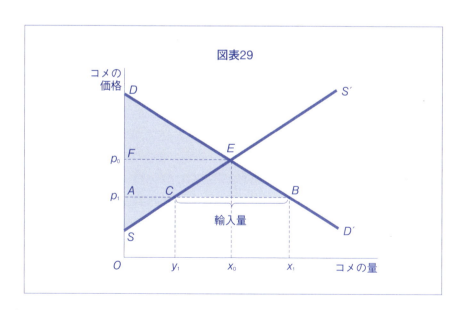

図表29

EXERCISE

1. ガソリンの需要曲線と供給曲線がそれぞれ $D = -p + 30$ と $S = (1/3)p - 2$ で与えられています。ただし D は需要量，S は供給量，p は価格です。次の各問に答えなさい。
(1) ガソリンの均衡価格と均衡取引量を求めなさい。
(2) 均衡下での消費者余剰と生産者余剰を求めなさい。
(3) ガソリン1単位につき4の消費税を課した場合のガソリンの均衡価格を求めなさい。
(4) (3)の場合の社会的余剰を求めなさい。

2. コメ市場を考えます。国内の需要曲線と供給曲線がそれぞれ $D = 15 - p$，$S = (1/2)p$ で与えられているとします。ただし D は需要量，S は供給量，p はコメの価格です。次の各問に答えなさい。
(1) この国内市場のコメの均衡価格と均衡取引量を求めなさい。
(2) 国際価格が $p = 5$ である時，自由貿易下でのコメの貿易量と社会的余剰の大きさを求めなさい。

ミクロ 4
不完全競争市場とゲームの理論

クールノー
Cournot, Antoine Augustin 1801〜77
フランスの経済学者・数学者で，微積分の概念を初めて経済学に応用し，マーシャルやワルラスに大きな影響を与えた数理経済学の創始者です。独占価格の決定や複占の理論などの学説があたえた影響はきわめて大きく，今日の経済分析手法の主流となっている非協力ゲーム理論の急速な発展も，クールノーの研究に由来しています。各主体が生産量を戦略変数とした場合に，他の主体の戦略選択を与件として最適反応をとった時に成立する均衡解を，クールノー均衡解と呼ぶなど，その名を冠した経済学用語は少なくありません。

エッジワース
Edgeworth, Francis Ysidro 1845〜1926
マーシャルと同時期にオックスフォード大学で活躍した，イギリスの数理経済学者・統計学者です。2財2主体の簡単な一般均衡モデルの均衡条件を図解したボックスダイアグラム（箱図表）を用い，2主体の無差別曲線の接点を結ぶ契約曲線の概念を初めて提唱しました。

③⓪ 独占企業

Monopoly

市場に1つの企業しか存在しない場合で，価格支配力を持ち，利潤が最大となるように価格を設定する企業

　1つの市場に多くの企業が存在して，それぞれの企業は市場から与えられた価格の下でお互いに競争をしながら利潤最大化行動を行っている場合，その個々の企業を**完全競争企業**といいました。一方，市場に企業が1つしか存在しない場合，この企業を**独占企業**といいます。

　市場に1つの企業しか存在しない状況は，たとえば政府が政策や規制によって1つの企業しか生産を認めない場合や，1つの企業が特許によって生産技術を独占的に保有している場合が考えられます。また，**規模の経済性**が働くような産業では，生産規模の大きな企業ほど平均費用が小さく，生産に有利となるため，競争の結果小さな企業を淘汰し，やがて大企業1社のみとなる傾向があります。このようにして形成される独占を**自然独占**といいますが，これは特にミクロ5で扱うことにします。

　独占企業と完全競争企業の大きな違いは，完全競争企業が市場から与えられた価格の下で利潤を最大にするように生産量を決めるのに対して，独占企業は生産する財の価格を自ら設定できる点にあります。しかし価格をどの水準に設定するかによって，消費者の購入量すなわち企業の販売量も影響を受けますから，このことを念頭に入れて価格を設定する必要があります。

　財の価格水準と販売量との関係はpを財価格，xを需要量として市場の需要関数$x=D(p)$で表されます。この需要曲線が**図表30**に描かれています。この需要曲線の下では生産量をx^*とした時，それを売り尽くすために設定できる価格は高々p^*となります。このように生産量xの大きさによって設定できる価格の大きさは需要曲線によって制約を受けます。この生産量xに対応する

価格pの関係を$p=p(x)$と表しましょう。$p=p(x)$は需要関数を需要曲線に沿って逆の方向から捉えたものですから**逆需要関数**といいます。

独占企業はこのような生産量と価格の関係を考慮に入れながら、利潤を最大にする生産量を決めることになります。

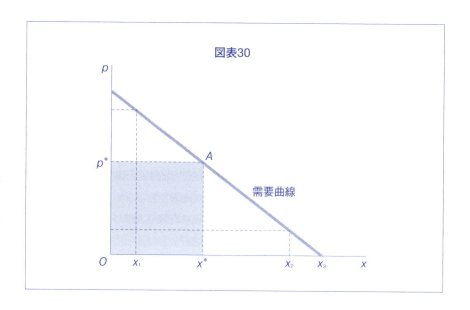

図表30

㉛ 限界収入曲線

Marginal Revenue Curve

生産を 1 単位増加させた時の売上げ収入の増加が生産量の水準によってどのようになるかをグラフにしたもの

独占企業の利潤最大化行動を考える前に，限界収入曲線について説明しておきましょう。独占企業の生産量を x とすると，その時の売上げ収入 R は，逆需要関数 $p=p(x)$ を用いて x に対する価格が $p(x)$ となるため，$R=p(x)x$ と表せます。よって R は x によって決まりますから $R=p(x)x$ を単に $R=R(x)$ と表し，これを**収入関数**と呼ぶことにしましょう。生産量 x^* の下での売上げ収入 $R^*=R(x^*)$ は図表30の□ p^*Ax^*O の面積（グレー部の面積）で表されます。この長方形の面積は x がゼロの時はゼロとなり x が大きくなるに従って大きくなりますが，さらに x が大きくなるとやがてこの面積は減少していきます（x が x_1 あるいは x_2 の時の長方形の面積を見てください）。よって売上げ収入 R のグラフは図表31-Aのように表されます。

今生産を x^* から 1 単位増加させた時の収入の増加の大きさを考えましょう。これを限界収入といいますが，これは生産量 1 単位をきわめて小さくとると収入曲線の接線の傾きの大きさで表されます。図表31-Bを用いてこの限界収入の大きさを見ていきましょう。x^* から x'' への生産量の変化によって収入は□ p^*Ax^*O の面積から□ $p''Bx''O$ の面積に変化します。よって□ $CBx''x^*$ の面積の増加と□ p^*ACp'' の面積の減少がありますから，限界収入は□ $CBx''x^* -$ □ p^*ACp'' だけ増加します。そして□ $CBx''x^* -$ □ $p^*ACp'' =$ □ $CBx''x^* +$ □ $AC'BC -$ □ $p^*ACp'' -$ □ $AC'BC =$ □ $AC'x''x^* -$ □ $p^*C'Bp''$ と表されます。x^* から x'' への増加を 1 とすると□ $AC'x''x^*$ は $p^* \times 1$，すなわち□ $AC'x''x^* = p^*$ です。よって x^* における限界収入 $=$ □ $CBx''x^* -$ □ $p^*ACp'' = p^* -$ □ $p^*C'Bp'' < p^*$ となります。x^* がゼロの時には p^*A の幅がゼロとなり，□ $AC'BC$ は非常に小さい

ことを考えると，□$p^*C'Bp''$はほとんどゼロとなります。よってxがゼロの時の限界収入は$x=0$に対応するpの大きさとなります。すなわち限界収入は$x=0$の時はそれに対応するpの大きさとなり，$x>0$のところではxに対応するpよりも小さくなります。さらに限界収入は**図表31-A**の収入曲線の接線の傾きで表されますから，xが大きくなると接線の傾きは小さくなるため限界収入は減少します。

　以上のことから生産量と限界収入の関係を表す**限界収入曲線**は需要曲線の縦軸の交点を出発して，xが大きくなるに従って右下がりの曲線で，必ず需要曲線の下方を通る曲線になります。**図表31-B**にその曲線が示されています。

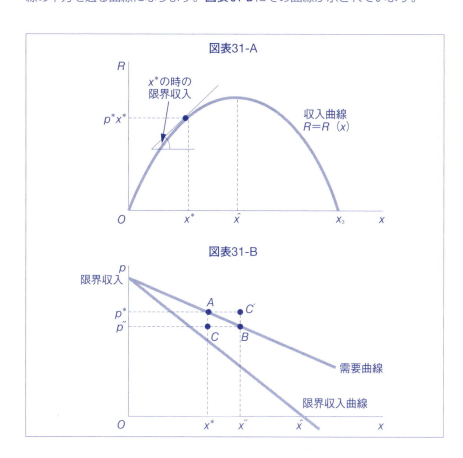

32 独占企業の利潤最大化行動

The Profit Maximization Behavior of Monopoly

独占企業の利潤を最大にする生産量は
限界収入と限界費用を等しくする生産量である

　財価格をp，独占企業の生産量をyとしましょう。また逆需要関数を$p=p(y)$とすると，独占企業の利潤は

$$\pi = p(y)y - C(y) \tag{32-1}$$

で表されます。ただし$C = C(y)$はこの企業の総費用関数とします。独占企業はこの式で表される利潤πを最大にするような生産量yを生産し市場に供給することになります。$p(y)y$を$R(y)$と表すと（32-1）式は$\pi = R(y) - C(y)$と表されます。$R = R(y) = p(y)y$を収入関数といいます。$R = R(y)$の曲線，すなわち収入曲線と$C = C(y)$の曲線，すなわち総費用曲線の関係が**図表32**に示されています。ただし総費用曲線は固定費のない場合を考えているため原点から出発をしています。

　生産量がy_1の時の売上げ収入R_1と総費用C_1はそれぞれの曲線に対応して決まります。この時の生産量y_1の下での利潤π_1は$\pi_1 = R_1 - C_1$ですから，収入曲線と総費用曲線の間のy_1における縦の差ABで表されます。この差が最大となる生産量が利潤を最大にする生産量ということになります。

　今生産量y_1から少し生産を増やすと収入曲線と総費用曲線の差は大きくなります。なぜならA点における収入曲線の接線すなわち限界収入がB点における総費用曲線の接線すなわち限界費用を上回るためです。一般的に収入曲線の接線（限界収入）が総費用曲線の接線（限界費用）より大きい場合は，生産を増加させることで利潤を大きくできます。逆に収入曲線の接線が総費用曲線の接線より小さい場合は，生産量を減らすことで利潤を大きくできます。よって

利潤が最大になるのは収入曲線の接線と総費用曲線の接線が等しくなるところ，すなわちy^*のところになります。よって利潤が最大となる生産量はy^*ということになります。そしてその時の利潤はπ^*の大きさになります。

収入曲線と総費用曲線の接線の傾きが等しくなるy^*で利潤が最大となることは次のようにしてもわかります。E点とF点を通る2つの接線は平行ですからこの縦の幅はy軸上全体で等しく，この幅がy^*における利潤の大きさを表しています。y^*以外のyでの利潤は収入曲線と総費用曲線の縦の差で表されますが，収入曲線と総費用曲線はこれら2つの接線の間を通っているため，その差は2つの接線の間の幅より小さくなります。よってy^*以外のyでの利潤はπ^*より小さくなります。逆にいえば，y^*の下でのπ^*がもっとも大きな利潤ということになります。

以上の議論をまとめると，独占企業の利潤を最大にする生産量は

　　　限界費用＝限界収入

を満たすような生産量で与えられます。そしてその時の価格p^*は逆需要関数$p=p(y)$によって$p^*=p(y^*)$として決まります。独占企業が利潤を最大にする生産量y^*に対応して付ける価格p^*を**独占価格**といいます。

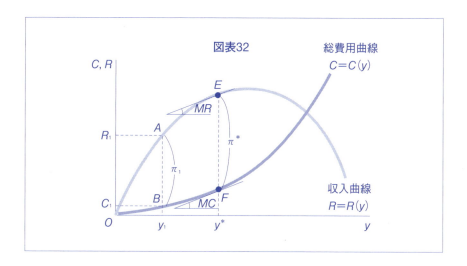

図表32

㉝ 独占均衡と社会的余剰

Monopoly Equilibrium and Social Surplus

完全競争市場に比べて独占下では価格が高く
取引数量は少なくなり社会的余剰は小さくなる

　㉜で説明したように，独占企業の利潤を最大にする生産量は限界収入と限界費用が等しくなる生産量で与えられます。よって図表33に示されるように，限界収入曲線と限界費用曲線の交点Eに対応して利潤を最大にする生産量y^*が決まります。またその時の価格p^*は逆需要関数$p = p(y)$にy^*を代入して求められますが，これはy^*を需要曲線に対応させることで決まります。

　独占企業の最適な生産量y^*とその時の価格p^*の下で達成される社会的余剰について見てみましょう。消費者余剰は△CAp^*の面積で与えられます。また生産者余剰すなわち独占企業の利潤は台形p^*AEBの面積で与えられます。これらを合わせた台形$CAEB$の面積が社会的余剰になります。

　もし完全競争と同じように限界費用曲線と需要曲線が交わるG点に対応して生産量を$\hat{y}$とし，価格を$\hat{y}$に需要曲線を対応させて$\hat{p}$とすることを考えてみましょう。この時，消費者余剰は△$CG\hat{p}$の面積となり独占の下での消費者余剰より大きくなります。

　一方生産者余剰は△$\hat{p}GB$の面積となりますが，これは独占の時の生産者余剰より小さいはずです。なぜなら独占企業の利潤は台形p^*AEBがもっとも大きいからです。結局，生産量$\hat{y}$，価格$\hat{p}$の下での社会的余剰は△CGBの面積となり独占下での社会的余剰より△AGEだけ大きくなります。逆にいうならば，独占企業の下で達成される社会的余剰よりもっと大きな社会的余剰を得られるような経済状態が別に存在していますから，独占企業によって支配されている市場では**市場の失敗**が生じることになります（市場の失敗についてはミクロ5で詳しく扱います）。

社会的余剰をもっとも大きくするのは需要曲線と限界費用曲線が交わるG点すなわち生産量$\hat{y}$，価格$\hat{p}$の点であり，これは**完全競争均衡点**です。この完全競争均衡点における生産量$\hat{y}$と価格$\hat{p}$に比べて独占下での生産量y^*は小さく，価格p^*は高くなります。一般に独占企業が付ける**独占価格**は通常より高くなるというのはこの意味においてです。

　市場が独占企業に支配されると完全競争市場に比べて社会的余剰が小さくなることがわかりました。そこで社会的余剰をより大きくするためには市場を独占企業に支配されないよう，完全競争市場にすることが考えられます。市場が独占化されないようにするための**独占禁止法**の適用はこのような考え方に基づくものです。

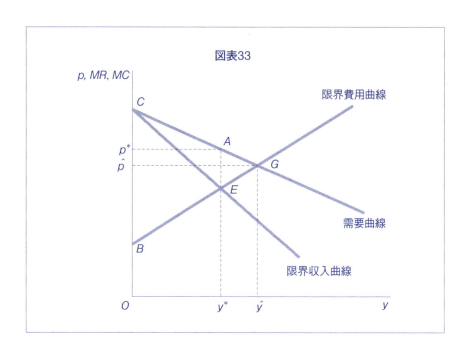

34 クールノー競争のモデル

Cournot Competition Model

各企業はライバルの企業の生産量が与えられた時，その生産量の下で自分の利潤を最大にするように生産量を決めるように企業間競争をするモデル

　自動車の市場を考えましょう。この市場で自動車を生産する企業はトヨタとホンダの2社のみであるとしましょう。この2つの企業はお互いに相手の生産量をみながら自分の生産量を決めるものとします。このような考え方に沿って各企業が行動するモデルを**クールノー競争のモデル**といいます。クールノー競争のモデルについてここでは少し詳しく見ていきましょう。トヨタ，ホンダそれぞれの企業の生産量をy_T, y_Hとしましょう。この時，産業全体の生産量yは$y = y_T + y_H$となり，それが市場への供給量となります。そこで市場の逆需要関数は$p = p(y_T + y_H)$となります。そこでトヨタの利潤π_Tは

$$\pi_T = p(y_T + y_H) y_T - C_T(y_T) \qquad (34\text{-}1)$$

と表せます。ただし$C_T(y_T)$はトヨタの総費用関数です。(34-1)式からわかるように，トヨタの利潤π_Tはトヨタとホンダの生産量y_Tとy_Hによって決まりますから(34-1)を$\pi_T = \pi_T(y_T, y_H)$と表すことにします。

　トヨタはホンダの生産量y_Hが与えられるとその下でトヨタの利潤$\pi_T(y_T, y_H)$を最大にするようにy_Tを決めます。y_Hが与えられた時の$\pi_T(y_T, y_H)$のy_Tについての曲線は山形となるとしましょう。たとえば，ホンダが生産量を5万台とした時の$\pi_T(y_T, 5)$の曲線が**図表34-A**のAの曲線で表されています。この時，トヨタはこの曲線の下で生産量をy_T^*とすることによって，利潤π_Tを最大にできます。もしホンダが生産量y_Hを3万台とすると，その時の$\pi_T(y_T, 3)$の曲線が示されているBの曲線のようになったとすると，トヨタは生産量をy_T^{**}とすることによって利潤を最大にできます。このようにホンダの生産量

y_Hの大きさに従って，トヨタの利潤を最大にする生産量y_Tは違ってきます。そこでこの関係すなわちホンダの生産量y_Hに対するトヨタの最適な生産量y_Tを表す関係を関数の形で$y_T = R_T(y_H)$と表します。そしてこれをトヨタの反応関数といいます。そしてこの関数が表す曲線をトヨタの**反応曲線**といいます。図表34-Bにトヨタの反応曲線がTの曲線で描かれています。この反応曲線ではホンダの生産量が増えるとトヨタは利潤を最大にするために生産量を減らすことになります。

一方，ホンダもトヨタと同じように考えると，ホンダの反応関数$y_H = R_H(y_T)$を得られます。この反応曲線が**図表34-B**にHの曲線で表されています。

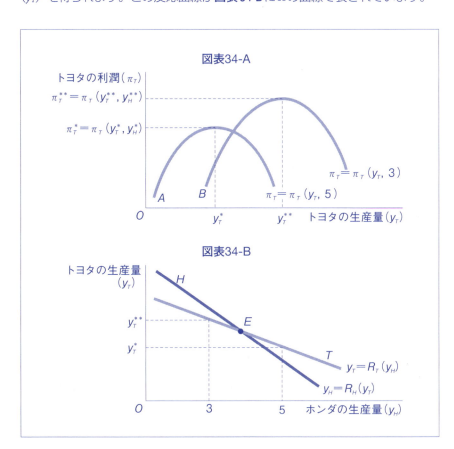

35 クールノーの均衡

Cournot Equilibrium

企業の反応曲線の交点をクールノー均衡点という。この点ではお互いに相手の生産量に対して自分の生産量が最適となっている

㉞で自動車の生産が2つの企業で行われている市場における2つの企業の間でのクールノーモデルについて説明しましたが，この2つの企業がクールノー競争を行うと最終的に各企業の生産量はどのような大きさになるかをここではみていくことにしましょう。

図表34-Bで与えられたトヨタとホンダの反応曲線は図表35に描いてあります。今，ホンダが生産量を10万台に決めたとします。この時トヨタは反応曲線Tに従って自分の生産量を3万台と決めます。

トヨタが生産量を3万台と決めたのをみて，ホンダは反応曲線Hに従って，生産量を10万台から6万台に変更します。そうするとトヨタはそれをみて曲線Tに従って生産量を3万台から6万台に変更します。すると再びホンダは曲線Hに従って生産量を6万台から5万台に変更します。

このようにお互いの企業が相手の生産量をみながら自分の生産量を決めるプロセスを進めていくと，矢印に沿って最終的にE点に到達します。E点は$y_H = 4.5$，$y_T = 7$となっていますから，トヨタは7万台，ホンダは4万5,000台の生産を行う点です。

このE点ではホンダが4万5,000台の下でトヨタは7万台とする一方，ホンダはトヨタの7万台に対して，4万5,000台としていますから，お互いに相手の生産量に対して自分の最適な生産量が対応しています。よってお互いにこれ以上生産量を変更することはありません。このE点を**クールノー均衡点**といいます。

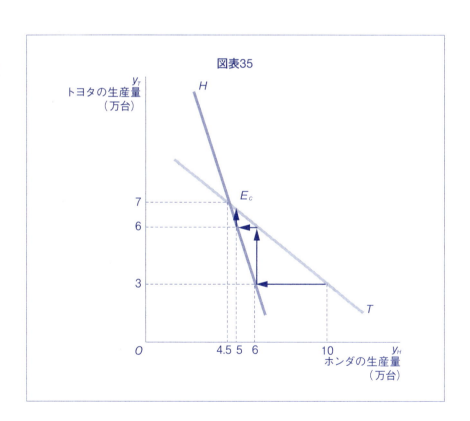

㊱ ゲームの理論と寡占的競争

Game Theory and Oligopolistic Competition

ゲームは①プレーヤー，②プレーヤーの戦略，
③各戦略の組から決まるプレーヤーの利得の3つの要素で構成される

少数の企業がお互いに相手の行動をみながら行動する競争を寡占的競争といいます。先程のクールノー競争は，少数の企業の間でお互いに相手の設定する生産量を考慮しながら，自らの生産量を決める寡占的競争です。ここではゲームの理論を用いて簡単な寡占的競争を説明しましょう。

はじめにゲームとは何かを説明しましょう。ゲームを構成する要素は3つあります。

① **プレーヤー**：ゲームに参加する人
② **戦略**：プレーヤーの用いる手
③ **利得**：各プレーヤーが用いた戦略の下でもたらされる各プレーヤーへの利益

の3つです。

簡単な例を用いてこれを説明しましょう。今ある地域に日石と出光の2つのガソリンスタンドがあるとしましょう。この2つのガソリンスタンドはライバル同士でガソリンの販売競争をしています。お互いにガソリン1ℓの価格を高価格（120円）にするか低価格（80円）にするかの2つの戦略を持っています。

日石が低価格として出光が高価格とするとお客さんは日石に集まりますから日石の1日の儲けは200万円，出光の1日の儲けは50万円となり，日石が高価格，出光が低価格とするとお互いの儲けはその逆になるものとしましょう。

また，お互いに低価格ならお互いの儲けは80万円，お互いに高価格とするとお互いの儲けは150万円としましょう。この状態の下で日石と出光はそれぞれ高価格，低価格のいずれを選ぶかという問題を考えましょう。

　この問題はゲームの問題となっています。なぜならプレーヤーは日石と出光，それぞれのプレーヤーの用いることのできる戦略は高価格と低価格として与えられています。そして各戦略の組に対して**図表36**のように各プレーヤーの利得が与えられていますから，ゲームに必要な3つの要素が整っています。特に，各戦略の組に対してもたらされる各プレーヤーへの利得を表したものを**利得表**といいます。

　次の❸❼では，このゲームで日石や出光が高価格，低価格のいずれを選ぶかを考えてみましょう。

図表36

戦　略		日　石	
		80円	120円
出　光	80円	80万円 80万円	50万円 200万円
	120円	200万円 50万円	150万円 150万円

㊲ 囚人のディレンマとナッシュ均衡

Prisoner's Dilemma and Nash Equilibrium

ゲームの結果お互いに望ましくない状況に陥ることを囚人のディレンマという。
互いに相手に対して自分の戦略が最適となる戦略の組合せをナッシュ均衡という

㊱で提示した日石と出光の2つのガソリンスタンドのゲームを引き続き考えていきましょう。そして**図表36**の利得表をもとにそれぞれのガソリンスタンドが高価格（例えば120円）と低価格（例えば80円）のどちらを選ぶかをみていくことにしましょう。

出光が低価格を用いたとしましょう。この時日石は低価格なら80万円，高価格なら50万円の利益となりますから，低価格を選びます。出光が高価格を用いた時はどうでしょう。この場合日石は低価格なら200万円，高価格なら150万円の利益となります。よってやはり低価格を選びます。すなわち，出光が低価格であろうと高価格であろうと，日石は低価格を選ぶことになります。同じようにして出光もまた，日石が低価格であろうと高価格であろうと，低価格を選びます。

よってこのゲームでは日石，出光ともに低価格を戦略として採用します。その結果両者の利益はともに80万円となります。図表を見てみると，もし両者が協力をしてお互いに高価格とすると両者の利益はともに150万円となり，より望ましくなります。しかしこの状態を実現するため日石は高価格を用いたとしても，出光が日石の高価格を利用して，低価格を採用すると200万円の利益になるため，出光が本当に高価格を選んでくれるかわかりません。これは出光側にとっても同じです。お互いが高価格をとることで150万円というより大きな利益を得られる可能性があってもゲームの結果はお互いに低価格をとらざるをえず，その結果お互いに80万円の利益しか得られないという状況に陥ることを**囚人のディレンマ**といいます。

㊲ 囚人のディレンマとナッシュ均衡 Prisoner's Dilemma and Nash Equilibrium

　このガソリンスタンドの価格競争のゲームでは，日石および出光の戦略は低価格の80円と高価格の120円の2つしかありませんでした。そして日石，出光ともに相手が80円であろうと120円であろうと80円を選ぶことがわかりました。このモデルを拡張して，日石および出光のとり得る価格を0円から200円の間のすべての価格としましょう。そして日石，出光ともに相手の価格が0円から200円のどのような価格でも自分の最適な価格は80円としましょう。この時出光のどのような価格に対しても日石は80円を選ぶという日石の反応曲線は水平線Nとして**図表37**に描かれます。同様に出光の反応曲線は垂直線Iとなります。そしてこの場合のゲームの均衡はお互いの反応曲線が交わった点E点となります。すなわちお互いに80円を価格として選ぶことになります。

　この拡張したモデルは各企業の反応曲線の交点が均衡点となるクールノー競争のモデルと形式的には同じです。すなわちクールノー競争のモデルも実はゲームの理論をベースにしたモデルとなっています。ゲームの均衡（低価格，低価格）や**図表35**と**図表37**の均衡点E_CやEでは，お互いに均衡で与えられている相手の戦略に対して自分の戦略が最適となっています。このような均衡を**ナッシュ均衡**といいます。

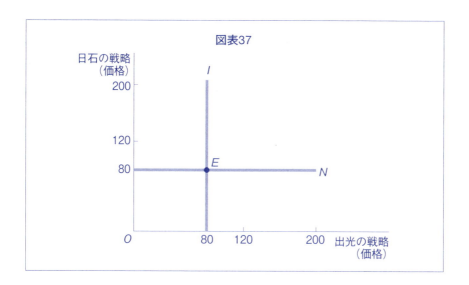

EXERCISE

1. 独占市場を考えます。市場需要関数を $D = -2p + 180$,独占企業の限界費用曲線と限界収入曲線をそれぞれ $MC = y + 10$, $MR = -y + 90$ とします。ただし D は需要量,p は価格,MC は限界費用,MR は限界収入,y は生産量とします。企業の生産において固定費はないものとして,次の各問に答えなさい。

(1) この市場の均衡価格と均衡生産量を求めなさい。

(2) この市場の均衡での生産者余剰と消費者余剰を求めなさい。

(3) この市場の均衡での社会的余剰は完全競争下での社会的余剰に比べてどれだけの差があるでしょうか。

2. モスバーガーとマクドナルドの2つのハンバーガー店の販売競争を考えます。モスバーガーはハンバーガーの価格を100円,150円,200円から選ぶことを考え,マクドナルドは120円,180円のいずれかとすることを考えています。モスバーガーとマクドナルドのハンバーガーの価格をそれぞれ p_B,p_D とすると,モスバーガーの利益 π_B とマクドナルドの1日の利益 π_D はそれぞれ次の式で表されるものとします。

$$\pi_B = 2p_B - p_D, \quad \pi_D = p_D - p_B + 80$$

次の各問に答えなさい。

(1) 利得表を作成しなさい。

(2) このゲームにおいてモスバーガーとマクドナルドはそれぞれどのような価格を選ぶでしょうか,また選ばれた価格の組合せはナッシュ均衡となっているでしょうか。

ミクロ 5
市場の失敗

スミス
Smilh, Adam 1723〜90
経済学の祖とされるイギリスの古典派経済学者です。主著『諸国民の富』（1776）で，分業の利益や価格の自動調節機構を詳述し，人々の利己心に基づく自由な経済活動が「神の見えざる手」によって社会的調和につながるとして，経済上の自由放任と予定調和を説きました。こうした楽観的な経済観の背景には，産業革命後のイギリス経済の順調な成長があったと考えられます。

リカード
Ricardo, David 1772〜1823
イギリスの古典派経済学の完成者です。穀物法の廃止や投下労働価値説（価値分解説）を唱えて，同時期に活躍したマルサスと激しく論争したことで知られます。他国と比べて相対的に技術優位な財に生産を集中させて自由貿易をすることで，すべての国が閉鎖経済よりも経済上好ましくなるとする，国際貿易における比較生産費説の提唱は最大の業績といえるでしょう。他に政府支出の財源調達に関して租税と公債発行の等価性を唱えた，リカードの中立命題など，多くの経済学用語にその名を残しています。

㊳ 市場の失敗

Market Failure

民間経済主体である消費者や生産者の自由な経済活動によって達成される市場均衡がもたらす社会的余剰が最大とならない場合を市場の失敗という

　財・サービスの市場が完全競争市場である場合，市場取引が取引に参加する消費者や生産者に代表される民間経済主体の自由な経済活動の下で行われるならば，経済は効率的となり社会的余剰は最大となることをミクロ3でみてきました。民間経済主体が自由に経済活動を行っている経済状態においてもたらされる社会的余剰が最大とならず，他により大きな社会的余剰をもたらす経済状態がある場合を**市場の失敗**といいます。ミクロ3でみてきたように，一般的に完全競争市場では市場の失敗は生じません。

　しかしミクロ4でみたように，生産が独占企業によって行われている市場では完全競争市場下の場合に比べると社会的余剰が小さくなりますから，市場の失敗が生じていることになります。より一般的には市場が完全競争市場でなく，独占企業や寡占企業が存在したり，独占的競争が行われているような不完全競争状態にある場合には市場の失敗が生じます。

　また完全競争市場でも市場の失敗を引き起こす特殊な場合があります。たとえば，ある財・サービスの消費活動や生産活動が経済に副次的効果を与えることがあります。この副次的効果が市場に反映されない場合，この効果を**外部効果**といいます。外部効果が存在する経済では市場の失敗を引き起こすことが知られています。また**非排除性**や**非競合性**という性質を持つ財を**公共財**といいますが，公共財の場合にも市場の失敗が生じます。公共財の場合には，企業が採算のあう生産を行うことができないため，民間企業による供給が困難ですから市場の失敗が生じます。市場の失敗の別の例として，**費用逓減産業**があります。費用逓減産業では企業の生産規模が大きいほど平均費用が小さくなるた

㊳ 市場の失敗　Market Failure

め，規模の大きい企業ほど有利となります。このような産業では，当初多くの企業が互いに競争を行って生産をしていても，やがて大きな企業が小さな企業を淘汰して市場を独占するようになります。よって市場の失敗が生じることになります。

市場の失敗がある場合には，政府が市場に適切な介入をすることで社会的余剰を大きくすることができます。たとえば，市場が独占企業によって支配される恐れのある場合には，政府が**独占禁止法**を適用することでこの市場に多くの企業の参入を促進させ，市場を完全競争状態に保つことで市場の失敗を補うことが考えられます。

完全競争市場では民間経済主体の自由な経済活動が経済を反映させると論じたのは，英国の経済学者アダム・スミスであり200年以上も前のことでした。アダム・スミスの頃の英国では産業革命を通して資本主義経済が生まれはじめようとしていた状態にありました。当時は生産技術も未熟で規模の小さな多くの企業が競争をしながら生産活動を行っていたため完全競争市場に近い状態にあったことと，封建社会から資本主義社会への移行過程にあって，市民主体の自由な経済活動によって経済を繁栄させようとする気運が強かったことから，「市場の失敗」はあまり注目されませんでした。しかし資本主義経済が成熟して，巨大化，複雑化してくるにつれて，市場の失敗を引き起こすさまざまな現象が経済に大きな影響を与えるようになり，現代の経済社会では市場の失敗は大きな問題となっています。

独占企業の場合での市場の失敗についてはミクロ4で説明しましたので，本パートでは外部経済，公共財，費用逓減産業が引き起こす市場の失敗をみていくことにします。これ以外にもさまざまな市場の失敗がありますが，それらについてはミクロ6で扱うことにします。

39 外部効果

External Effect

消費者や生産者などの経済活動が社会に派生的効果を与える場合がある。各経済主体がこれを考慮に入れずに行動する時，この効果を外部効果という

　消費者や生産者等，個々の経済主体の経済活動が派生的にさまざまな経済的影響を生み出すことがあります。しかも各経済主体がその影響を念頭におかずに経済活動を営む場合に生じる，その派生的影響を外部効果といいます。この外部効果には社会によい影響を与えるものと悪い影響を与えるものがあります。よい影響を与えるものを**外部経済**，悪い影響を与えるものを**外部不経済**といいます。外部不経済，すなわち悪い影響を与えるものの代表的な例としては自動車の運転による大気汚染や電力の大量消費に伴う**地球温暖化問題**があります。

　消費者や生産者は観光旅行や荷物の運送等，さまざまな目的で自動車を運転しますが，その時に排出される排気ガスは大気を汚染し，社会に悪い影響を与えます。しかし一人ひとりの消費者や生産者は自動車を運転することによる排気ガスの発生が与える経済社会への影響には関心を払わず，当面の自動車による観光旅行や荷物の運送の便利さのみを考えて，自動車を運転しがちです。このような状況の下では排気ガスによる大気汚染の影響が考慮されないため，大気汚染をも考えた時の社会的に望ましい自動車の使用量よりも過剰に自動車が使用されることになります。

　このような場合，大気汚染の影響も考慮に入れた社会的に最適な自動車の使用量を実現するためには，自動車の使用量に対して排気ガスを出して大気を汚染していることの責任を金銭的に負わせ，その上で自動車の使用量を決めてもらうことです。

　このような考え方に基づく解決方法として，自動車の使用量（あるいはガソ

リンの使用量）に対して政府が大気汚染の代償としての税金をかけることが考えられます。このような税金がかけられると，自動車の使用に対する費用が高くなるため，自動車の使用を控えるようになり，大気汚染の量も減少します。このように外部不経済がある場合，それを解消する目的で外部不経済の発生者に課す税を**ピグー税**といいます。すなわち外部不経済のある場合，政府がピグー税の導入によって市場取引に介入することで社会的余剰を大きくできることになります。

　経済社会によい影響を与える外部効果，すなわち外部経済として考えられるものに企業の**研究開発（リサーチ・アンド・ディベロップメント）**があります。各企業はより大きな利益を上げるため，より安価な費用で生産できる技術の開発や売上げを伸ばすための新製品の開発などを目的として研究開発を行っています。

　しかしある企業が研究開発を行って得た新技術や新製品はやがて，他の企業に伝播していくことになるでしょう。すなわち，他の企業は研究開発に費用をかけることなく，この新技術の使用や新製品の生産を行うことができます。

　このような場合，各企業は新技術や新製品の開発を自ら費用をかけて行うよりも，他の企業が開発した新技術や新製品をまねる方が費用がかからず得になり，研究開発しようとしなくなります。

　よって社会全体として望ましい研究開発の水準より研究開発の水準は低くなりがちです。この場合には政府は企業の研究開発を活性化させるために，研究開発に補助金を出し，研究開発を社会的に望ましい水準にまで高めることが考えられます。このように外部経済が存在する場合にも**補助金政策**などによって市場に介入することで社会的余剰を大きくできることになります。

㊴ 外部効果　External Effect

㊵ 外部経済と社会的余剰

External Effect and Social Welfare

社会的に悪い影響を与える外部不経済では税金をかけることによって、よい影響を与える外部経済では補助金を出すことによって社会的余剰を大きくできる

　ある財市場を考えましょう。そしてこの財の生産活動に伴い大気汚染が発生するとしましょう。この大気汚染の発生は社会に対して悪い影響を及ぼすことから、マイナスの評価、すなわち財を生産する時にかかる費用と考えましょう。各企業は生産活動をする時に、この大気汚染の費用を考えずに生産量を決めます。**図表40**において、SS'曲線は各企業が大気汚染の費用を考えない時の市場全体の限界費用曲線です。これを**私的限界費用曲線**といいます。これはミクロ2で説明したように企業全体の供給曲線です。一方、これに対して企業の生産活動に伴う大気汚染に対する費用を考えた時の限界費用は大きくなりますから限界費用曲線SS'は上方にシフトします。大気汚染に対する費用、すなわち外部不経済の費用も考慮に入れた、この曲線はTT'で示されています。これを**社会的限界費用曲線**といいます。一方、市場の需要曲線は曲線DD'で示されています。

　もし政府が何もしなければ、市場の均衡点は企業全体の私的限界費用曲線によって形成される市場の供給曲線SS'と市場の需要曲線DD'との交点Eで表されます。この時の社会的余剰は、生産者余剰△AESと消費者余剰△DEAの合計から大気汚染に伴う社会的損失分を引いた大きさで表されます。大気汚染に伴う社会的損失分は$TBES$で囲まれた四角形の面積で表されますから、結局社会的余剰は△$DE'T$から△$E'BE$を引いた面積の大きさで表されます。

　ここで政府が**ピグー税**を企業に課すことにしましょう。1単位の取引につき$E'C$の大きさの税を課すものとします。この時、ミクロ3の㉘で説明したように、SS'曲線はピグー税$E'C$の大きさだけ上方に平行移動します。これは点線

PP' で示されています。ピグー税導入後の市場の均衡点はこの点線で表された直線と市場の需要曲線 DD' との交点である E' になります。

この場合の社会的余剰はどのようになるでしょうか。消費者余剰は△$DE'F$, 生産者余剰は台形 $FE'CS$ からピグー税支払いの大きさ, すなわち平行四辺形 $PE'CS$ の大きさを引いた△$FE'P$ になります。これら消費者余剰△$DE'F$ と生産者余剰△$FE'P$ に政府の税収としての平行四辺形 $PE'CS$ を加えた台形から大気汚染の費用, すなわち $TE'CS$ で囲まれた四角形の面積を引いたものが社会的余剰になります。すなわちピグー税導入後の社会的余剰は△$DE'T$ となります。明らかに政府が何もしない時に実現される社会的余剰より政府がピグー税を導入した時の社会的余剰の方が△$E'BE$ 分だけ大きくなります。

企業の研究開発のようにその産業の生産活動全体によい影響を与える外部効果のある時には, 私的限界費用曲線に対して社会的限界費用曲線はその下方に位置します。この場合は政府が補助金を出すことで生産活動を活発にして, 社会的余剰を大きくすることを同じような方法で示せます。

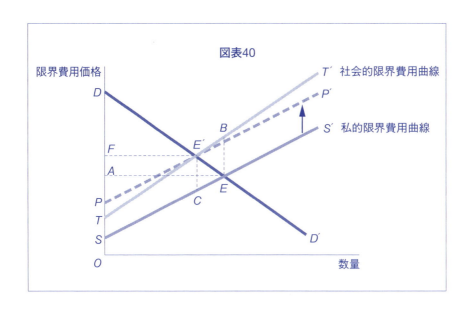

図表40

㊶ 公共財

Public Goods

1つの財を共同で利用できるという非競合性やある人が利用する時に他の人もそれを利用できるという非排除性をもつ財・サービスを公共財という

　普通，財やサービスを1人の人が消費する場合には，それを他の人が同時に消費することはできません。これはある人がビールを飲み，焼き鳥を食べる場合，そのビールや焼き鳥を他の人が同時に飲んだり食べたりすることができないことを考えれば明らかでしょう。

　しかしテレビ放送や広大な自然公園などは1人の人がそれを利用する時，他の何人もの人が同時に利用できます。しかも1人だけ利用できるようにして他の人の利用を排除することが困難です。多くの人が1つの財・サービスを共同で利用できるような財の性質を**非競合性**といいます。また財・サービスの利用を特定の人しか利用できないように排除することが困難な場合のこの財・サービスの性質を**非排除性**といいます。

　広大な自然公園や一般的なテレビ放送，警察や消防は非競合性や非排除性という性質を持っています。たとえば消防を考えてみましょう。ある人の家が火事になった時，その家の消火活動を行うことは，その周辺の家が火事になることを同時に防いでいますから消火活動には非競合性があります。また，周辺の家の防火をせずにある人の家の防火のみを行うことは不可能ですから非排除性もあります。治安活動についても同じようなことがいえるでしょう。一方，高速道路や特殊な受信機を必要とするテレビ放送などは非競合性を持っていますが，特定の人にのみ利用できるようにすることが可能ですから非排除性はありません。逆に，非排除性を持っていても非競合性のない財・サービスとして考えられるのは一般道路やごみ処理などが考えられます。

　しかし以上であげた非競合性や非排除性があるかないかについては程度の問

題ですから，たとえば高速道路にも競合性がまったくないわけではありません。他の財に比較して競合性が少ないと思われる限りにおいて非競合性を持つと考えています。

　非競合性や非排除性を持つ財・サービスを**公共財**といい，ビールや焼き鳥のように非競合性や非排除性のない普通の財を**私的財**といい，両者を区別しています。非競合性や非排除性をどの程度持てばそれを公共財とするかについてはさまざまな考え方があります。大雑把にいって，非競合性と非排除性の両方を持つものを**純粋公共財**，そのいずれか一方のみを持つ場合には**準公共財**と区別しています。

　以下では純粋公共財が引き起こす市場の失敗について考えていきましょう。そのためにテレビ放送の場合を考えましょう。ここでは特殊な受信機を必要としないテレビ放送で広告収入などは考えないものとします。民間企業が消費者から受信料をとることによってテレビ放送のサービスを提供することを考えたとしましょう。

　今１人の消費者がこのテレビ放送を受信するために受信料を払ったとすると，その他の人々は受信料を払わずにこの放送を同時に受信できます。これはテレビ放送に非競合性と非排除性という性質があるためです。テレビ会社は受信料を払った人に放送を提供して払わない人には放送しないようにする訳にはいきません。このことに消費者が気づけば，他人が払った受信料により提供される放送を受信料を払わずに楽しもうとします。このように他人が払った料金で提供される財・サービスを無料で利用することを**フリー・ライダー**といいます。公共財の消費にはこのようなフリー・ライダーが可能であり，このような人が多くなるとテレビ放送による収入が得られないため，民間企業はテレビ放送事業を行おうとしなくなります。

　消費者にとってテレビ放送がないよりはあった方が望ましいにもかかわらず，フリー・ライダーが起こるため民間企業はこれを供給しません。このような場合，政府がテレビ放送を提供することにすれば消費者はこれを楽しむことができ，社会的により望ましい経済状態が実現できます。

42 公共財と限界便益

Public Goods and Marginal Benefit

消費量を1単位増やした時に得られる満足度の増加の
大きさを金銭的に評価したものを限界便益という

　公共財は民間経済に任せておくと望ましい量が供給されません。そのため政府がこれを供給することになります。政府はどれだけの量を供給すればよいのでしょうか。この問題を考えるために，はじめに限界便益について説明しておきましょう。

　そのために㉕のビールの消費量を考えましょう。図表25-Aの需要曲線ではビール1缶目からの満足度の金銭的評価は1,000円，2缶目からの満足度の金銭的評価は800円，3缶目からは600円等となっていました。このような考え方を用いると図表25-Bの需要曲線の場合，x_1番目の1単位の消費から得られる満足度の金銭適評価はp_1となります。この大きさをx_1単位目の消費から得られる**限界便益**といいます。

　今2人の消費者のいる経済を考えましょう。ある公共財に対するこの2人の需要曲線を図表42-A，BにそれぞれD_1D_1'とD_2D_2'で表します。前者はイチロー君の需要曲線，後者はダルビッシュ君の需要曲線とします。上で説明したように，需要曲線の価格方向の大きさは消費者の財・サービス1単位から受ける限界便益を表します。そこでこの公共財をxの量消費する場合，その1単位分の消費から受ける限界便益は，イチロー君の場合B_1となります。公共財は非競合性がありますから，ダルビッシュ君もこの公共財の消費が同時に可能です。この同じ単位目の1単位からダルビッシュ君はB_2の限界便益を受けることになります。

　よってこの公共財の量がxのときにはイチロー君とダルビッシュ君にそれぞれB_1とB_2の限界便益をもたらしますから，この2人だけの社会で公共財x単

位目の1単位がもたらす社会全体の限界便益はB_1+B_2となります。各xについて**社会的限界便益**を求めると，❸の**図表43-A**のようにBB'という**社会的限界便益曲線**をつくることができます。これはイチロー君とダルビッシュ君の需要曲線を縦軸（価格軸）方向に積み上げてできる曲線です。

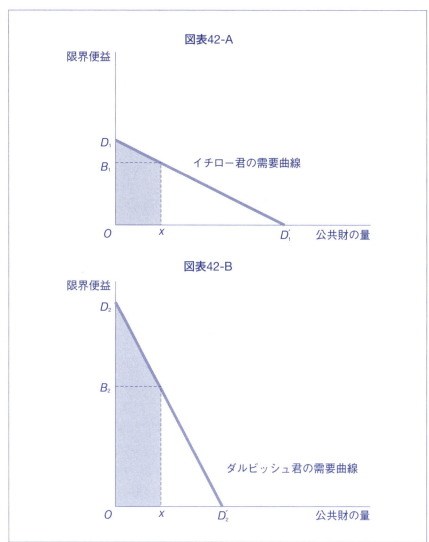

43 公共財の最適供給

The Optimal Provision of Public Goods

公共財の最適な供給量は各消費者が公共財の利用から受ける限界便益を
合計した大きさが公共財生産の限界費用に等しくなるような量

　今政府は公共財を x だけイチロー君とダルビッシュ君に無料で提供するとします。この時、イチロー君とダルビッシュ君はこの x の大きさの公共財からそれぞれ前項の**図表42-A**と**図表42-B**でのグレー部の大きさの便益を受けます。この便益の大きさはそれぞれ2人が公共財から受ける消費者余剰にあたります。これらを合計した大きさは**図表43-A**のグレー部、すなわち台形 $BEAO$ の大きさで表されています。これは公共財を利用する消費者すべての便益を合計したものですから社会的便益ということになります。各消費者の便益は消費者余剰でしたから、各消費者の便益を合計した社会的便益は市場全体の消費者余剰に相当します。

　図表43-Bには公共財の限界費用曲線 SS' と**図表43-A**で描いた社会的限界便益曲線 BB' が描かれています。今公共財の量を OA 供給するとしましょう。この時社会的便益すなわち消費者余剰は台形 $BEAO$ となります。一方公共財 OA の生産費はミクロ2で説明したように台形 $SEAO$ で表されますから、社会的余剰は消費者余剰の台形 $BEAO$ から政府の生産費用である台形 $SEAO$ を引いたグレー部、すなわち $\triangle BES$ の大きさとなります。もし公共財を OA' だけ供給するなら、社会的便益は台形 $BDA'O$ で生産費は台形 $SCA'O$ となりますから社会的余剰は台形 $BDA'O$ から台形 $SCA'O$ を引いた大きさ、すなわち台形 $BDCS$ の大きさとなります。よって公共財の量を OA より少なくすると社会的余剰は小さくなります。同様にして公共財が OA より多い場合も OA の時に比べて社会的余剰が小さくなることを示せます。たとえば、OA'' の量が供給された時の社会的余剰は $\triangle BES$ から $\triangle EGF$ を引いた大きさとなります。したがって、公共財の量

がOAの大きさのときに，社会的余剰はもっとも大きくなります。このOAの大きさは公共財がもたらす社会的便益曲線BB'と公共財の限界費用曲線SS'の交点Eに対応しています。すなわち，社会的限界便益と限界費用が等しくなるような公共財の量が社会的余剰を最大にするという意味で最適な量といえます。社会的限界便益は各消費者の限界便益を足し合わせた大きさですから，結局，公共財の最適供給量は，すべての消費者が公共財から受ける限界便益の和が公共財の限界費用と等しくなるような水準で与えられることになります。

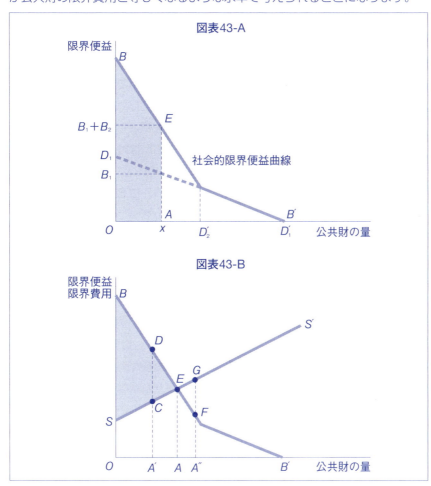

44 平均費用逓減産業

Decreasing Average Cost Industry

大きな固定費用を必要とする電力産業や鉄道産業のように
生産規模が大きい程，平均費用が低下する産業

　電力，鉄道といった産業では企業が生産活動を行うにあたっては大きな固定費用がかかります。たとえば，電力産業では電力を発電して企業や家庭に供給するためには一定の大きさの発電設備や送配電設備が必要であり，これは発電量の大きさとは関係なく備えなくてはならない設備のため，固定費用と考えられます。また鉄道もこのような大きな固定費用を必要とします。1日に走行する電車の本数とは関係なくレールや駅の建物，あるいは電車など一定の設備が必要で，これらは固定費用と考えられるからです。

　このようにきわめて大きな固定費用がかかる場合，生産量が少ないと，大きな固定費用を少ない生産量でカバーしなくてはならないため，平均費用が大きくなります。逆にいえば，生産量を大きくすると平均費用が低下します。これをグラフで確認してみましょう。**図表44-A**には固定費用の小さい場合と大きい場合の総費用曲線がそれぞれC_1とC_2で示されています。これらの総費用曲線の下で平均費用曲線は**図表44-B**のAC_1とAC_2で示されています。固定費用の小さい場合は生産量がy_1の水準より大きくなると平均費用曲線は右上がりとなりますが，固定費用の大きい場合には生産量がy_2になるまでは平均費用曲線は右下がりとなっています。このように生産規模が大きくなるに従って平均費用が低下する，すなわち平均費用曲線が右下がりとなる産業を**平均費用逓減産業**といいます。

　平均費用逓減産業では企業の生産規模が大きいほど平均費用は小さくなるため，生産規模が大きい企業が有利となります。このような産業では，当初多くの企業が互いに競争を行っていてもやがて大きな企業が小さな企業を淘汰して

市場を独占するようになります。このように企業間の競争と淘汰の過程を通して形成される独占を**自然独占**といいます。

　市場が独占企業によって支配される場合，すでにミクロ4で説明したように，完全競争状態に比べて社会的余剰は小さくなります。よって平均費用逓減産業では市場の失敗が生じることになります。

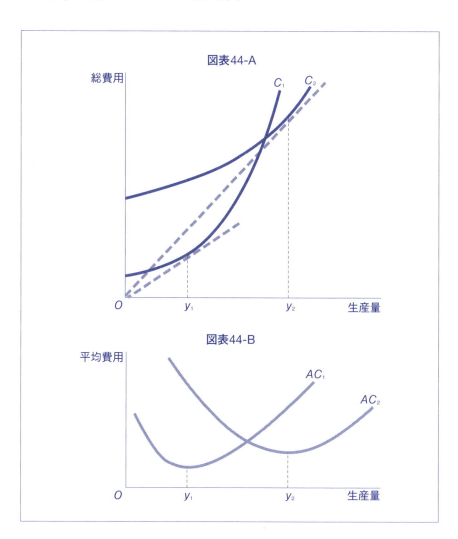

㊺ 限界費用価格形成原理

The Principle of Marginal Cost Pricing

平均費用逓減産業で価格を限界費用に等しい水準に設定すること。
この原理のもとでは，企業は赤字となるが社会的余剰は最大となる

平均費用逓減産業では競争の結果，政府が何もしなければ独占均衡が実現します。図表45-Aにおいて，独占企業は限界費用と限界収入が等しくなるy_Mに生産量を設定して，それを需要曲線に従って価格p_Mで供給します。この時の社会的余剰は$CMAB$で囲まれた面積の大きさになります。

この市場で社会的余剰がもっとも大きくなるのは，限界費用曲線と需要曲線が交わる点，すなわちE点です。その理由を図表45-Bによって説明しましょう。需要曲線に対応する価格は限界便益の大きさを表すことを㊷で説明しました。今，y_Mより小さい生産量の生産を考え，そこから１単位だけ生産を増やすと，消費者はそれに伴ってp_Mの大きさの便益を受ける一方，生産者はC_Mだけ生産費用が増加します。結局，１単位の生産の増加によって$p_M - C_M$だけの純便益が得られます。このようにy_Eより生産水準が低い時は生産を増加させることで純便益（余剰）を得られます。しかしy_Eを超えて生産を増加させると，それによって得られる便益よりも，生産費用の増加が大きいため，得られる純便益はマイナスとなり，余剰は減少します。よって社会的余剰を最大にするのは生産量がy_Eの時です。このy_Eの量を消費者が購入するためには価格がp_Eであればよいので，社会的余剰を最大にする価格と数量を表す点はE点となります。

すなわち社会的余剰を最大にする価格と数量の点は限界費用曲線と需要曲線の交点となります。このことから，社会的余剰が最大になるのは消費者への販売価格を生産者の限界費用に等しくした時であることがわかります。このような価格の設定を**限界費用価格形成原理**といいます。

図表45-Aにおいて社会的余剰を最大にするE点での社会的余剰の大きさは△CEBの面積ですから、独占の時に比べて△MEAの面積だけ大きくなります。問題は平均費用逓減産業において限界費用価格形成原理に従って価格をp_Eに設定すると、企業にとっては生産量y_Eに対する平均費用がp_Eより高いp_Aとなり、長方形$p_A F E p_E$の赤字が発生することです。よって民間企業は政府が限界費用価格形成原理を導入すると生産を行わない恐れがあります。社会的には価格p_Eの下で企業がを生産することが望ましいため、政府は企業に発生する赤字分を補助することで企業に生産を促すことになります。このようにして、消費者は**独占価格**より低いp_Eの価格での水準の消費が可能となります。政府のこのような介入によって設定される、独占価格より低い価格を**公共料金**といいます。政府が補助金を出すことで限界費用価格形成原理に従う公共料金を設定する時、社会的余剰が最大となりますが、もし企業が補助金に頼るあまり、経営努力を怠り、非効率な生産を行うようになると、社会的余剰を最大にできなくなります。したがって政府が独占企業の行動に介入する場合、企業が経営努力を怠ることのないように監視することが一方で重要となります。

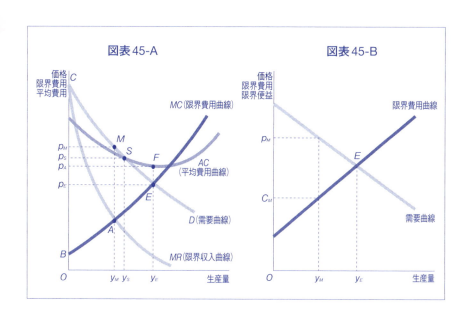

EXERCISE

1. ある財の需要曲線が $D = 100 - p$ で示されるものとします。ただし D は需要量，p は財の価格とします。この財の生産に伴う限界費用は $MC = 10 + y$ です。ただし MC は限界費用，y は生産量とします。さらにこの財は生産に際して，大気汚染の形で社会に負の外部性を発生させるものとし，その大きさは生産量1単位当り10とします。次の各問に答えなさい。

(1) 私的な均衡における生産量と価格を求めなさい。
(2) 社会的限界費用関数を求めなさい。
(3) 社会的に最適な生産量の水準を求めなさい。
(4) (3)で求めた最適な水準を実現するためにはピグー税の水準をどれだけに定めればよいか。
(5) (4)の下でのピグー税の税収を求めなさい。

2. ある公共財を大島さんと前田さんの2人が需要しています。大島さんの需要曲線は $D^K = 20 - p$，前田さんの需要曲線は $D^B = 40 - p$ です。ただし，D^K，D^B はそれぞれ大島さんと前田さんの公共財の需要量，p は公共財の価格とし，公共財の限界費用を MC とすると MC は $MC = 2y$ で表されるものとします。ただし y は公共財の生産量とします。次の各問に答えなさい。

(1) 社会的に最適な公共財の供給量を求めなさい。
(2) (1)の時の社会的余剰を求めなさい。

ミクロ⑥
不確実性と不完全情報

アカロフ
Akerlof, George 1940〜

カリフォルニア大学バークレー校の教授で，情報の偏りと市場の関係の理論的基盤を1970年代に解明したことが評価され，2001年にJ.E.スティグリッツ（下記参照），A.M.スペンス（シグナリング効果の研究で有名）とともにノーベル経済学賞を受賞しました。アカロフの名前は，本パートの㊾で詳しく紹介されている，レモンの原理で不滅のものとなっています。情報の非対称性が市場そのものの存在を脅かすという着想は，従来の経済学と比べあまりに画期的であったため，当時の学術雑誌への掲載を拒否されたことが知られています。

スティグリッツ
Stiglitz, Joseph E. 1943〜

27歳の若さでイェール大学の教授になった俊英で，非対称情報下の市場に関する研究で，2001年にノーベル経済学賞を受賞しました。多くの分野に膨大な業績がありますが，労働者が勤勉よりも怠業することが不利益となる水準に企業が賃金を支払うことで，優秀な人材の忠誠を獲得できる理由から，市場価格よりも高い賃金を企業はしばしば提示し，それは下方硬直的であるとする，効率賃金仮説は有名です。さらにミクロ経済学とマクロ経済学を統合する新しいパラダイムを作り上げ，サミュエルソンを超えた次世代の教科書『経済学』を執筆しました。また，クリントン政権下の大統領経済諮問委員会（CEA）委員長や世界銀行チーフエコノミストなどの要職につき，世界規模の経済問題の解決のための政策提言を行ってきました。

㊻ 不確実性とくじ

Uncertainty and Lottery

不確実性を持っている財を「くじ」という

　これまでの家計や企業の経済行動の分析では，経済主体はみずからの直面する経済環境（たとえば財の価格など）を完全に知っていることを前提としてきました。しかし，現実には人は不完全な知識のままで行動する必要がしばしばあります。

　不完全な知識には，2通りあります。1つは，明日の天気のように，誰もが事前に確実には知りえない事柄で，これは**不確実性**と呼ばれます。もう1つは，生産者は品質を知っていても消費者は見ただけではわからないといった，情報の偏りがある場合で，これは**不完全情報**と呼ばれます。

　さて，不確実性がある場合の経済行動について考えてみましょう。不確実性を伴う財を**くじ**といいます。くじの代表的なものは宝くじです。

　たとえば1／100の確率で10万円があたり，99／100の確率で1円ももらえないような宝くじを例に考えましょう。この宝くじでは起こる可能性はこの場合2つで，それらを「あたり」「はずれ」と呼びましょう。「あたり」の状態が起きれば，x_1（10万円），「はずれ」の状態が起きればx_2（0円）だけの金額が得られると考えます。「あたり」および「はずれ」が起きる確率をそれぞれα_1（1／100），α_2（99／100）とします。この宝くじはあたりかはずれの2つの場合しかありませんから，$\alpha_1 + \alpha_2 = 1$です。この時，くじは，

$$L = \{x_1, x_2 ; \alpha_1, \alpha_2\} \tag{46-1}$$

と書き表されます。この宝くじの期待金額は（1／100）×10万円＋（99／100）×0円＝1,000円です。この宝くじがいくらで売られていたら，買いま

すか？

　くじの期待金額がくじの値段より低いようなくじは人々は買わないかといえばそうでもありません。現実にジャンボ宝くじや競馬の馬券等では，宝くじや馬券の値段の方が期待金額より高いにもかかわらず多くの人々が購入しています。

　一方，くじの期待金額がくじの値段より高くてもそのくじを買おうとしない場合もあります。たとえばコインを表が出るまで投げ続けて，裏の出た回数をnとした時，2^{n+1}円の金額がもらえるというくじを考えましょう。そしてこのくじの値段を1万円とします。1回目で表が出たら0円，2回目ではじめて表となったら$2^2=4$円，3回目ではじめて表となったら$2^3=8$円，等々の金額が得られます。1回目で表となる確率は1／2，2回目ではじめて表となる確率は1／4，3回目ではじめて表となる確率は1／8等々ですから，このくじの期待金額は

$$\frac{1}{2}\times 0+\frac{1}{4}\times 4+\frac{1}{8}\times 8+\cdots\cdots=0+1+1+1\cdots\cdots=\infty$$

となります。期待金額が∞だからといって1万円を払ってこのくじに参加しようとする人はいないでしょう。

　よって，人々はくじの期待金額とくじの値段の単純な比較でくじを買うかどうか決めている訳ではありません。くじを買うかどうかをどのようにして決めるかを説明する1つの方法に**期待効用**を用いる方法があります。これを㊼でみていくことにします。

㊻ 不確実性とくじ　Uncertainty and Lottery

㊼ 期待効用と
リスク・プレミアム
Expected Utility and Risk-Premium

リスク・プレミアムはくじの期待所得とくじの期待効用を
確実に達成する所得との差で，危険回避者ならば正である

　図表47は所得に関する効用関数$U(x)$が凹の形をしている場合，すなわち所得の限界効用が逓減する場合が描かれています。

　くじ$L=\{x_1, x_2 ; \alpha_1, \alpha_2\}$を考えましょう。このくじ$L$から得られる期待所得$x^e$と期待効用$EU(L)$はそれぞれ$x^e=\alpha_1 x_1+\alpha_2 x_2$と$EU(L)=\alpha_1 U(x_1)+\alpha_2 U(x_2)$です。$(x^e, EU(L))$の点は**図表47**の$A_1$と$A_2$の間を$\alpha_2 : \alpha_1$で内分した$E$点で表されます。

　次に状態1でも2でも常にx^eが確実に得られるくじ$L^0=\{x^e, x^e ; \alpha_1, \alpha_2\}$を考えましょう。この時には不確実性は存在せず，確実に所得x^eが得られ，よって確実に効用$U(x^e)$が得られます。この点はF点で示されます。

　明らかに$EU(L)<U(x^e)$ですから，2つのくじLとL^0を比較した場合，L^0の方が好ましいことになります。

　このように効用関数が凹となっている場合には，くじの期待金額から得られる効用がその金額を確実にもらえることから得られる効用より小さいため，期待金額と等しい値段のくじは購入しません。このように凹の形の効用関数をもつ個人は不確実性をもつくじを求めるより，確実な金額の方を好むため**危険回避的**な個人といわれます。

　ではこのくじがいくらなら購入するかといえば，支払って得られる効用$U(x)$がこのくじから得られる期待効用$EU(L)$と等しくなるxがその値段ということになります。**図表47**でこのxはx^*で与えられています。

　くじの期待金額x^eからくじを購入してもよいと思うくじの価格x^*を引いた大きさ，x^e-x^*，を**リスク・プレミアム**といいます。リスク・プレミアムは不

確実な状況下で期待できる金額に比べて，確実に得られるならその金額よりも少なくてもよいと思う時のその金額との差を表しています。

　もし効用関数が凸（おわんを上向きにした形）となる場合には，その個人のリスク・プレミアムはマイナスとなり，くじを購入するためにくじから得られる期待金額より高い価格を払ってもよいと考えていることになります。前項で触れたジャンボ宝くじや競馬の馬券を買う行為はこのような凸の効用関数の下で生じます。そしてこのような場合を**危険愛好的**といいます。

　もし効用関数がわん曲していなくて，直線で表されるならば，リスク・プレミアムはゼロとなり，くじの価格とくじからの期待金額を単純に比較して，くじの価格がその期待金額より低ければ購入します。この場合，不確実性はくじの購入の決定に影響していませんから，**危険中立的**といいます。

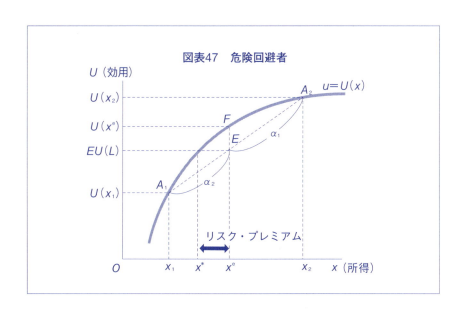

48 保険とモラル・ハザード

Insurance and Moral Hazard

期待効用最大化を実現するために，個人は保険加入の口数を決定するが，保険加入者は，かえって危険にあいやすくなるモラル・ハザードの問題がある

ある個人が保険を購入するのはどういう行動によっているのかを示しましょう。2つの状態における所得は$x_1 < x_2$で，所得格差がきわめて大きいとします。低所得の時に1口につき1だけの保険金が得られる保険は，高所得の時にpだけの保険金を支払う必要があるとします。h口の契約を結んだ場合の各状態での所得は，

$$y_1 = x_1 + h \tag{48-1}$$
$$y_2 = x_2 - ph$$

となります。ここからhを消去して，

$$y_2 - x_2 = -p(y_1 - x_1) \tag{48-2}$$

となりますから，さまざまなhの値を取ることで，この人が得ることができる所得の組合せ(y_1, y_2)は，**図表48**の直線AB上の点で表されます。ここで直線ABの傾きは$-p$です。ただし，$h=0$すなわち保険に入らない時の所得の組が点$G(x_1, x_2)$で表され，保険は通常$h \geq 0$であることを考えれば，直線AB上の点Gより右下部分が現実的に意味のある状況といえます。

個人は期待効用の最大化を目的に行動するので，直線AB上で無差別曲線と接する点Eが最適となります。

ところで，保険には**モラル・ハザード**という問題があります。自動車保険に加入した人が，事故の際の賠償責任から解放されるために，運転が乱暴になってかえって事故を起こしたりする現象をいいます。医療保険があるので，医者

にかかる必要のない病気でも通院するのもそうです。これは経済的な合理性（リスクを軽減するためにお金を払ったのですから，それを利用するのは合理的です）に基づいた行動で，けっしてモラルが低いことが原因とはいえません。ただ保険制度の存立を守るためには，事故歴のあるドライバーに高い保険料を課したり，医療費の自己負担を逓増的にするなどの制度上の工夫をして，保険加入者の不必要に過度な保険の利用を防止することが必要です。

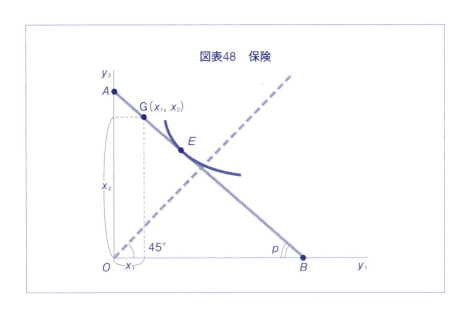

図表48　保険

49 レモンの原理（逆選択）

Lemon Principle (Adverse Selection)

情報の非対称があると，市場で出まわる財の平均的品質が低下する。これをレモンの原理ないし逆選択という

　これまでは**不確実性**のもとでの個人の最適行動について考えてきましたが，次に**不完全情報**の問題について考えてみます。売り手が財の品質に関して情報を詳しく持っているのに反して，買い手の方は情報がないといった経済主体間で情報の非対称があるケースをみてみましょう。

　代表例は中古車市場で，安い中古車は性能が悪いとしても，高いからといって性能がよいとは限りません。消費者は性能についての情報を持たないので，高いお金を払って**性能の悪い欠陥品**（これを**レモン**といいます）を買わされてはたまりませんから，結局高い価格の中古車を買わなくなります。よって**性能のよい中古車**（これを**ピーチ**といいます）の市場は成立せず，市場ではレモンだけが氾濫することになります。この事実の重要性を最初に提唱したのはアカロフでした。情報の非対称が原因で，品質の劣る財が出まわる一方，品質の高い財が流通しなくなることを，**レモンの原理**といい，よい品を選ぼうとしても結果として逆の選択になってしまうという意味で，**逆選択**ともいいます。

　グラフを使ってレモンの原理を説明しましょう。消費者の中古車への需要はその価格 p と平均的な品質 q に依存するとします。平均品質 q が一定ならば，価格 p が高いほど需要は小さくなるため，たとえば品質が q_1 のときの需要曲線は図表49のように右下がりの曲線 $D(q_1)$ となります。もし平均品質が q_1 より低い q_2 であれば，与えられた価格のもとでの需要は平均品質が q_1 のときより少なくなるため，需要曲線 $D(q_2)$ は曲線 $D(q_1)$ より左側で右下がりの曲線となります。一方，供給曲線は価格が与えられるとその価格に応じて平均品質とその品質を保つ供給量が決まります。価格 p に対して供給される中古車の

平均品質をq，その供給量を$s(q)$としましょう。価格が低くなると供給される中古車の平均品質は下がり，供給量も減少するとしましょう。価格が下がると供給量は減少するため供給曲線は**図表49**で示されるような右上がりの曲線Sとなります。

価格がp_1の場合，平均品質q_1の中古車が$s(q_1)$の量供給されています。平均品質q_1の需要は，**図表49**に示されるように需要曲線$D(q_1)$から，$d(q_1)$となります。このときABの超過供給が発生しているため価格は下がります。そこで価格がp_2に下がったとします。価格p_2のもとで平均品質q_2の車の供給量と需要量はそれぞれ$s(q_2)$と$d(q_2)$となり，依然として$A'B'$の超過供給があります。このように価格をどれだけ下げても需要と供給が一致しない場合には，中古車の市場取引は成立しません。このような状況は，品質が下がると消費者がレモンを買わされることを警戒して需要を大きく減らしてしまうとき，すなわち需要曲線が少しの品質の低下に対して大きく左側に移動させてしまうときに起こります。

同じようなことは，たとえば任意加入の一律支払いの健康保険には，健康に不安のある人のみが加入する例があげられます。これも健康状態について，被保険者ほどは保険会社が知らないという，情報の非対称が原因です。

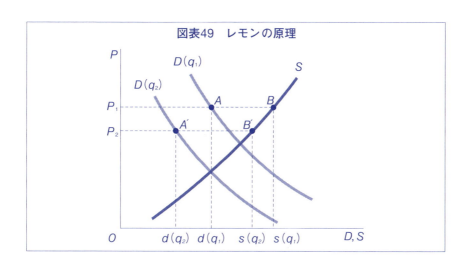

図表49　レモンの原理

㊿ プリンシパルとエージェンシー

Principal and Agency

依頼人が代理人のモラル・ハザードを回避するために，
効率賃金やインセンティブ契約がとられる

情報の非対称性の1つに，契約相手のとる行動が観察できない場合があります。これは一般的に**プリンシパル**すなわち**依頼人**と，**エージェント**すなわち**代理人**の間に生ずる，**エージェンシー問題**として理解されています。依頼人と弁護士，患者と医者，タクシー会社と運転手などの関係は，すべてこれに該当する面があります。

㊽で述べたモラル・ハザードは，さまざまなエージェントが陥る可能性を秘めています。首にならないことをいいことに働かない公務員や，細切れに治療して患者を長く通院させて儲けようとする医師などがそうです。契約が成立すると，契約そのものが人間の行動を変化させ，契約前に前提としていた条件とは違ってきてしまうのです。

エージェンシー問題への1つの解決例として，ここではシャピロとスティグリッツによって提唱された，**効率賃金モデル**を紹介します。

エージェントである労働者は，もし可能でかつ利益があるならば怠業することを考えていて，そこから利益 g を得るとします。g には賄賂などの現金所得，規定労働時間中にさぼるという余暇，家族や友人に便宜を図るために企業資源を振り向ける，あるいは単に組織の要請から責任逃れする気安さなどが含まれます。どのような怠業であれ，それが発覚する確率を p とします。また N を長期雇用関係の価値を表す係数とし，怠業が発覚しない場合に労働者がこの企業によって継続雇用される期間の長さ，ならびに利子率が考慮されるものとします。1期限りの雇用で更新がない場合 $N=1$ となり，他方過去に怠業がなかった場合に限って雇用契約が更新される時には N は1より大きくなります。

怠業が純粋に個人的に利益となるのは，

$$g > p(w - \overline{w})N \tag{50-1}$$

が成り立つ時です。ただし，$\overline{w}$は仮に怠業が発覚して解雇された時に受け取ることになる他の企業での賃金，wはこの企業が支払う賃金です。企業は必要以上に報酬を払う必要はないから，怠業を予防するための最低限の賃金である賃金（これを効率賃金といいます）は，

$$w = \overline{w} + \frac{g}{Np} \tag{50-2}$$

と表せます。すなわち（50-2）式を満たす賃金を支払えば，プリンシパルである企業はエージェントである労働者の怠業を心配する必要がなくなるわけです。

この他，タクシー会社などのモラル・ハザード回避策としては，歩合給を導入する政策がとられます。働くほどに収入が増えれば，怠業することはあまりないと考えられるからです。こうした契約をインセンティブ契約といい，ボーナスや退職金制度などもその一例といえます。

EXERCISE

1. 消費者の期待効用が $u=\sqrt{x}$ で与えられているとします。今，3／10の確率で100円，7／10の確率で400円が得られる賭があるとします。次の各問に答えなさい。

(1) この賭の期待値はいくらでしょうか。
(2) 期待効用を求めなさい。
(3) リスク・プレミアムを求めなさい。

2. 今期と来期の2期間消費を行うある個人の効用関数が

$$u = c_1 c_2$$

で与えられるとします。ただし

uは効用水準

c_1は今期の消費額

c_2は来期の消費額

今期の所得：100

来期の所得：50

とします。個人は今期の所得の一部を来期に債券投資できるとします。債券投資から得られる収益は不確実であり，収益率は1／3の確率で10%，2／3の確率で20%であるとすると，この個人が期待効用を最大化しようと行動する時，今期の消費額をいくらにしたらよいでしょうか。

マクロ 1
国民経済計算と産業連関表

ケネー
Quesnay, Francois 1694～1774

フランスの宮廷医でしたが，1753年頃より経済学を研究し，『経済表』（1758）を著して重農主義の祖となりました。富の源泉を農業生産に求めて，生産増大のために経済活動の自由が必要と説きました。経済学を生産・流通・消費の全体系でとらえた最初の著作で，マルクスの再生産表式，ワルラスの一般均衡体系，レオンティエフの産業連関表の先駆となりました。流通過程よりも生産を重んじた点は正しかったものの，農業生産に偏って工業生産を軽んじた欠点を持っていました。

レオンティエフ
Leontief, Wassily W. 1906～99

ロシア生まれの，アメリカの計量経済学者です。単位期間内の産業部門相互間および産業部門と最終需要部門との間の財・サービスの循環情況を集約した，投入産出表による産業連関分析の創始者として知られています。また実証研究の結果，資本集約国であるはずのアメリカが，1947年には労働集約財を輸出し資本集約財を輸入していたという，ヘクシャー＝オリーンの分業定理に逆行する事実を指摘しました（レオンティエフの逆説として有名）。他にも固定的投入係数を持つレオンティエフ型生産関数などにその名を残しています。

51 フローとストック

Flow and Stock

経済をマクロ的にとらえる方法として、年間の変動で見るフローの視点と、蓄積された資産量を見るストックの視点がある

「マクロ」経済学はどんな勉強するのでしょうか。

ミクロ経済学は経済を形作る一つひとつの消費者や企業の行動が、どのようなルールで行われているかを勉強します。経済をサカナにたとえると、ウロコやヒレを1つずつ取り出してその性質を調査するタイプのアプローチといえましょう。他方、マクロ経済学は一国全体の経済をあたかも天上から俯瞰するように全体としてとらえて、各種政策が経済の成長にどのような効果を持つかなどを勉強します。おなじくサカナにたとえれば、健康にかつ早く太らせるため必要な方法（エサや水温の管理）を考えるといったところでしょうか。

さて、経済をマクロの目で見る場合、年々の経済活動の動きに注目する方法と、これまでの経済活動の結束として積み重ねられてきた経済的な富に注目する方法とがあります。前者は**フロー**の視点と呼ばれ、後者は**ストック**の視点と呼ばれます。

両者はちょうど河川の流量と湖の水量にたとえられるでしょう。毎年新しく湖に注ぐ川の水と、湖から出てゆく川の水があります。これと同じように、毎年新しく財やサービスが作り出されて国内の富を増やす一方で、廃棄される財などもあります。国の富**（国富）**はそうした動きによって、その規模を変える湖の水量のようなものなのです。

ストックの視点で経済をとらえることは、国民貸借対照表という統計データによって行われています。そこには金融資産、実物資産を問わず、わが国の資産のすべてがリストアップされています。その単純合計が、国民総資産ですが、たとえば国内の金融資産は貸し手にとっては資産であっても、国内に必ずいる

借り手にとっては負債ですから(たとえば銀行預金は家計にとっての資産ですが,同額の負債が銀行にあることになります),これらはマクロ経済全体を見れば相殺しあうものとなります。こう考えると,総資産から負債を引いた,純資産を国富として考える必要があることがわかるでしょう。純資産は工場・機械・住宅などの固定資産や,土地などの実物資産,海外に保有する金融資産の合計から成ります。

　1999年末のデータでは,国民総資産は8,574兆円,これに対して国富は2,991兆円です。これはGDPの約6倍に相当します。

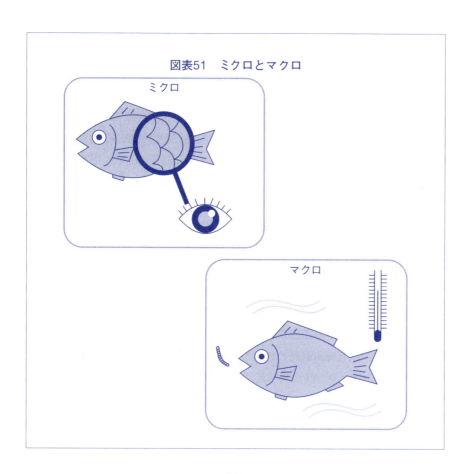

図表51　ミクロとマクロ

国内総生産

GDP: Gross Domestic Products

GDPは1年間の付加価値の合計額

　国内総生産（GDP）とは，1年間の経済活動の結果，新たに生み出された財やサービスの総合計額を表す統計指標で，1国の経済活動の大きさを示すものとしてよく利用されます。

　GDP計算にはいくつかの原則があります。

　第1の原則は，GDPは市場で取引された財やサービスの価格を合計することです。たとえばベビーシッターを雇って子どもの世話をしてもらうと，お礼のお金を支払いますが，それはサービスの対価ですから，GDPに計上されます。しかし，同じように子どもの世話を家庭の主婦がしても（主婦の家事労働）対価は支払われず，市場取引がなかったわけですから，GDPには計上されないのです。これは以前は助け合いとかボランティアで行っていたことを，金銭取引で済ますことが多くなっただけで，GDPが大きくなり売ることを意味しますので，いいかえればGDPが大きいことが経済生活上の豊さ（経済厚生）が大きいことに，必ずしも結び付かないともいえます。

　ただしこの原則には，持ち家世帯の帰属家賃と農家の自己消費などの例外もあります。たとえば前者は，住宅が持ち家であれ借家であれ快適なサービスを提供している点は同じであることを重視して，持ち家がもし借家であれば支払ったであろう家賃**（帰属家賃）**を推定し，所有者の所得と支出の両方に計上するものです。所得とは仮にこの家を他人に貸したら得られるであろう家賃収入のことで，支出とはその場合に別の同じクラスの家を借りる必要から生じる支出のことです。

　第2の原則は，GDP統計ではその年に生み出された財とサービスの価格を合

計するということです。したがってたとえば中古住宅や土地などの資産の売買では，資産そのものの価格は計上されず，不動産屋の仲介サービス所得が計上されるだけです。

　第3の原則は，**付加価値**を計上するということです。たとえば農家が原材料等を使わずにマツタケを収穫して100万円で売り，それを買った八百屋が150万円で売り，さらに料亭がそれを買って焼きマツタケにして300万円で客に食べさせたとしましょう。この場合GDPに農家の販売所得100万円と，八百屋の販売所得150万円と，料亭の所得300万円が合計されて，550万円加えられるわけではありません。

　たとえば，料亭にとっては300万円の所得を得るために，150万円をつぎ込んでいますので，新しく料亭のサービスが生み出した付加価値は300－150＝150万円なのです。同じように八百屋の付加価値は50万円です。結局GDPには100＋50＋150＝300万円が計上されることが正しく，550万円では二重三重計算をしていることになります。要するに付加価値総額の値は，総生産額から原材料等に費やされた価値の総額**（中間生産物総額）**を引いた値と結論できるのです。

　なお厳密には，GDPには国全体の企業の1年間の付加価値に加え，中央や地方の政府が提供する公共サービスの評価額とみなしえる公務員の年間給与が加算されます。

53 国内純生産

NDP: Net Domestic Products

GDPから固定資本減耗を引くとNDP

　付加価値を別の視点から見ますと，生産に寄与した生産要素が得る所得と考えることができます。先の例では，料亭の付加価値150万円は，すなわち料亭の所得になっています。

　一般に財やサービスは，原材料をもとに労働・資本・土地などの生産要素を投入して生産されますから，生産された財やサービスの価格から原材料費を差し引いた残りの付加価値は，結局労働・資本・土地への対価，すなわち賃金・資本レンタル・地代などの要素所得となります。GDPの統計（国民経済計算）では，賃金所得は雇用所得，資本家の所得ないし利潤や地代所得は営業余剰として分類されます。

　このようにGDPを生み出された付加価値が誰の所得となったかという視点で集計することも可能で，これを特に国内総所得（GDI：Gross Domestic Income）と呼ぶことがあります。すなわち，

$$\text{GDP} = 賃金・給与所得 + 利潤 + 利子 + 地代 \tag{53-1}$$

で，右辺がGDIと呼ばれるものです。

　ところで，生産に使用された資本は，その過程で価値が減耗します。これを**固定資本減耗**または**減価償却**といいます。たとえば，100万円する機械が10年間生産に使用すると陳腐化して買い換えなくてはならないとすれば，1年当たり単純計算で10万円の価値が減耗していることになります。

　GDPに相当する価値が生み出される一方で，固定資本減耗分の価値が失われていると考えられますから，それを差し引いた価値の純増分を示す指標とし

ての**国内純生産**(NDP)が使われることがあります。
すなわち

$$NDP = GDP（GDI）-固定資本減耗 \qquad (53\text{-}2)$$

です。

図表53　2015年度のGDP

(平成23暦年連鎖価格，単位：10億円)

	実　質	名　目	
国内総生産(GDP)	517,195.3	532,191.4	Gross Domestic Product
国内需要	523,417.3	532,177.5	Domestic demand
民間需要	392,549.9	399,409.6	Private demand
民間最終消費支出	295,170.4	299,862.1	Private consumption
家計最終消費支出	289,527.9	292,366.9	Consumption of households
除く持ち家の帰属家賃	235,543.0	242,496.5	Excluding imputed rent
民間住宅	15,059.5	15,929.6	Private residential investment
民間企業設備	79,581.5	81,207.8	Private non-resi. investment
民間在庫品増加	2,530.3	2,427.7	Private inventory
公的需要	130,870.3	132,767.9	Public demand
政府最終消費支出	105,340.8	106,026.3	Government consumption
公的固定資本形成	25,546.4	26,724.0	Public investment
公的在庫品増加	21.8	17.6	Public inventory
(再掲)総固定資本形成	120,146.7	123,861.4	(regrouped)Gross fixed capital formation
財貨・サービスの純輸出	-6,391.9	13.9	Net exports of goods & services
財貨・サービスの輸出	82,856.0	91,658.7	Exports of goods & services
財貨・サービスの輸入(控除)	89,248.0	91,644.8	(less)Imports of goods & services
国内総所得(GDI)	523,706.6		Gross Domestic Income
国民総所得(GNI)	543,338.8	552,109.3	Gross National Income
GDPデフレーター	102.9		GDP deflator
国内需要デフレーター	101.7		Domestic demand deflator

注1：単位はGDPが10億円。
注2：実質は平成23（2011）暦年連鎖価格による。
資料：内閣府「国民経済計算確報」

54 国民総所得と国民所得

Gross National Income and National Income

GNI⇒国籍主義・GDP⇒領域主義,
国民所得（NI）＝GNI－固定資本減耗－間接税＋補助金

　GDPとよく似た概念に**国民総所得**（GNI）があります。

　GDPはその国の企業や外国籍の企業によって，その国の国境内で1年間に生み出された付加価値の合計額であるのに対して，GNIはその国に1年間以上居住している人によって生産された付加価値の合計を指します。所得を計るのに前者が基本的に領域主義で，後者が国籍主義と考えればわかりやすいでしょう。

　たとえば，日本企業の海外での現地生産工場の所得は日本のGNIには入りますが，日本のGDPには入りません。すなわち，

$$\text{GNI} = \text{GDP} + \text{海外からの要素所得受取り} - \text{海外への要素所得支払い} \quad (54\text{-}1)$$

となります。ここでいう要素所得は海外投資収益や外国人労働者の所得を指します。

　以前はGNIと同様の概念である**国民総生産**（GNP）を統計指標に使っていましたが，近年のグローバリゼーションもあって，GNPよりGDPが用いられるようになりました。日本の対外資産が増大するにつれて，GNI（＝GNP）はGDPより大きくなっています。2016年度のGDPは約538兆円，GNIは約555兆円です。

　国民所得もしばしば使われますが，これは厳密な付加価値の総額を知るために，国民経済計算が市場価格での売買を集計したことから生じてしまうひずみを修正したものです。

　国「民」所得ですから，これはGDPではなく，GNIから計算されます。

GNIから固定資本減耗を引いた国民純所得（NNI）では，実際の正確な付加価値を表すためにまだ不十分な点があります。

　第1に，ある財の取引に政府から消費税などの間接税が賦課されていた場合には，取引価格は実際の価値よりもそれだけ大きくなり，GNIを実態以上に大きくします。たとえば1,000円の価値の本を買ったのに5％の消費税が課せられていて1,050円支払ったとすれば，本当は50円相当の税額をGNI計算から控除する必要があります。

　第2に，ある財の販売に政府から補助金が支払われている場合には，市場価格はその分だけ実際の価値よりも安くなっているはずですから，これも修正する必要があります。たとえばバス代は200円だとしても，地方公共団体からの補助金によって100円だけ安くなっているとしたら，実際のバスというサービスの対価は300円なのです。

　こうしてより厳密な計算を経て，**国民所得**（NI）を導くことができます。すなわち，

$$NI = GNI - 固定資本減耗 - 間接税 + 補助金 \qquad (54\text{-}2)$$

です。

55 三面等価の原則

Trinity Principle of National Income

GDPは生産面，分配面，支出面でとらえられ，等価である

次にその年1年間に生産された財やサービスの行方を考えてみましょう。

自国の消費者が消費目的で購入するか，自国の企業が投資目的で購入するか，自国の政府によって公共の目的で購入されるか，外国の消費者や企業・政府によって購入されるか，在庫として残るかのいずれかが考えられます。

その購入にあてられるのは，国民各層の所得すなわち国内総所得GDIです。その年の国内の支出総額（国内総支出，GDE：Gross Domestic Expenditure）は，その年で生産された財とサービスに向かうだけでなく，外国で生産された財・サービスにも向かいますし，過年度の生産物を消費することも考えられます。

以上から，次の関係が導かれます。

GDP＝民間消費＋民間投資＋政府購入＋純輸出　　　　　　　　(55-1)

ただし，ここでは民間投資は今年生産された財に対する企業の投資に，在庫投資の純増（今年の生産財の売れ残り－過年度の在庫品の減少）が加えられています。また，純輸出とは海外に売った財の価格（輸出）－海外から購入した財の価格（輸入）のことです。(55-1)の右辺がGDEです。

(53-1)と(55-1)から，**国内総生産GDP＝国内総所得GDI＝国内総支出GDE**となりますが，これらは実は同じものを，生産面と，所得ないし分配面と，支出ないし購入面から眺めたものですから，恒等関係として成り立つのです。これをGDPの**三面等価の原則**といいます。

生産された付加価値は，必ず誰かの所得となり，所得は必ず何らかの形で支

出されます。付加価値を生み出された時点と，所得として分配された時点，支出された時点でそれぞれ合計したものがGDP，GDI，GDEですから，等しいといえるのです。

ただし内閣府によって作成される，日本経済の全体像をみるための統計である国民経済計算上では，生産および支出面ではGDPおよびGDEを用いますが，所得面では国民所得を用いています。

図表55　三面等価

NI	NNI	GNI	GDP	GDI	GDE	NDP
間接税－補助金	固定資本減耗	海外からの純要素所得	付加価値総額	賃金と給与	粗投資	固定資本減耗
						純投資
					民間消費	民間消費
				利潤		
			政府の給与総額	利子	政府購入	政府購入
				地代	純輸出	純輸出

56 GDPデフレーター

GDP Deflator

（名目GDP／実質GDP）×100＝GDPデフレーター

　現代の経済問題の1つに物価の持続的な上昇（インフレーション）があります。物価水準が2倍になっていれば，仮にGDPが2倍になっても，実質的な経済規模は変わっていないことになります。したがって異なった年のGDPを比較して経済成長がどの程度だったかを調べる場合には，物価水準の影響を取り除いたGDPの値の伸びを調べる必要があります。

　ある年のGDPは，通常生産された財のその年における価格×財の数量をすべて加えた値を計算して求めます。これを**名目GDP**といいます。

　話を簡単にするために，ある国ではキュウリとサバと石炭だけを生産しているとしましょう。**図表56**を見てください。1990年のキュウリとサバと石炭の生産量が，それぞれ20，5，6kgで，1kg当たりの価格が800，2,000，1,000円だったとします。1990年の名目GDPは（20×800）＋（5×2,000）＋（6×1,000）＝32,000円です。

　2000年にはキュウリとサバと石炭の生産量が，それぞれ30，8，10kgで，1kg当たりの価格が1,000，3,000，1,200円に変わっています。2000年の名目GDPも同じように計算して（30×1,000）＋（8×3,000）＋（10×1,200）＝66,000円です。

　名目GDPは生産物の量が増えるか，財の価格が上昇するか，どちらか（もしくは両方）が起これば増加します。これに対して，物価変動の影響を除いた，生産量の変化によるGDPの伸びだけを調べるために用いられるのが，**実質GDP**です。

　1990年を**基準年次**として2000年（こちらを**比較年次**といいます）の実質

GDPを求めるには，1990年の価格で2000年の生産量を達成したらGDPはどれだけだったかを見ればよいわけですから，(30×800) + (8×2,000) + (10×1,000) = 50,000円となります。

GDPデフレーターとは，名目GDPと実質GDPの比率です。基準年次のGDPデフレーターの指数は1となりますが，これを100としますので，2000年のGDPデフレーターは

(名目GDP／実質GDP) ×100　　　　　　　　　　　　(56-1)

となります。上の例ではGDPデフレーターは (66,000÷50,000) ×100 = 132です。

GDPデフレーターを使えば，たとえば1990年が基準年として，1991年のGDPデフレーターが102の時には，1991年にしたのとまったく同じ買い物を，1990年にしたとすると，1991年には2％余分にお金がかかることがわかるのです。

これを用いて**名目経済成長率**と**実質経済成長率**を計算できます。たとえばある国の1990年の名目GDPが450兆円，1991年の名目GDPが470兆円とした時，名目経済成長率は [(470－450) ／450] ×100 = 4.44％ですが，実質経済成長率は，GDPデフレーターが102とすれば，実質GDPは470÷1.02 = 460.7ですから，[(460.7－450) ／450] ×100 = 2.38％となります。

図表56　ある国の経済

	1990年		2000年	
	生産量 (kg)	価格 (円)	生産量 (kg)	価格 (円)
キュウリ	20	800	30	1,000
サバ	5	2,000	8	3,000
石炭	6	1,000	10	1,200

57 物価指数

Price Index

GDPデフレーター⇒パーシェ指数
消費者および企業物価指数⇒ラスパイレス指数

　GDPデフレーターのように，価格を基準年のものに固定して，比較すべき時点の数量を変えて計算する指数は**パーシェ指数**と呼ばれます。

　ところで，われわれに馴染みが深い消費者物価指数や企業物価指数は**ラスパイレス指数**に基づいて計算されます。ラスパイレス指数はパーシェ指数と異なり，財の数量を基準年のもので固定し，比較すべき時点の価格を変えて計算する指数です。物価指数は基準年に買った財の数量とまったく同じだけ比較年に買うとどれだけ高く払わなくてはならないかを示す指数といえます。

　ニュース等で報道される物価が何％上がったといった値には，**全国総合指数**が使われています。ただし，インフレーション，デフレーション基調の度合いを見るときには，生鮮食品の価格が天候等の条件によって大きく変わるため，生鮮食品を除いた指数**コアCPI**が使われています。また，エネルギー価格の変動がコアCPIに影響を与えるため，食料およびエネルギーを除いた指数**コアCPI**も，2006年より統計に加わっています。

　図表56で，2000年の物価指数を求めてみましょう。1990年（基準年）の生産物の総額は，$(20 \times 800) + (5 \times 2{,}000) + (6 \times 1{,}000) = 32{,}000$円です。一方2000年に同じだけの数量のキュウリとサバと石炭を買うとすればいくらになるかというと，$(20 \times 1{,}000) + (5 \times 3{,}000) + (6 \times 1{,}200) = 42{,}200$円になりますから，2000年における物価指数は $(42{,}200 \div 32{,}000) \times 100$ で，131.88となります。

図表57-A　日本の経済成長率の推移

注：年度ベース。複数年度平均は各年度数値の単純平均。1980年度以前は「平成12年版国民経済計算年報」(63SNAベース)、1981〜94年度は年報(平成21年度確報、93SNA)による。それ以降は2008SNAに移行し、2016年7-9月期2次速報値〈2016年12月8日公表〉。
資料：内閣府SNAサイト

図表57-B　消費者物価指数（全国）の前年比の推移（1971年〜2013年）

資料：財務省統計局

58 産業連関表

Interindustry-relations Table

産業連関表は産業間，産業と家計の間の
財・サービスの循環状況を集約したもの

　「国民経済計算年報」という内閣府経済社会総合研究所が刊行する統計冊子は，GDPなど一国の経済についてのフローの状況の統計値である**国民所得勘定**がメインですが，それ以外にも産業連関表，資金循環勘定，国民および部門貸借対照表，それに国際収支表が付け加えられています。

　産業連関表はさまざまな産業間の関連の密接さを表すものです。たとえば自動車産業にとっては，さまざまな部品を購入して組み立てる必要上，ゴムや鉄鋼，電気機器などの産業との取引が欠かせません。できあがった自動車を運ぶためには，運送業のお世話になることになります。

　今，自動車への需要が減少すれば，それは当然に関連する各産業にも影響を与えることになるでしょう。鉄鋼産業の生産が減少し，製鉄所の近くを通る鉄道会社の収入も悪化するかもしれません。また需要の減少が自動車産業で働く労働者の賃金を引き下げたり，雇用を減少させたりすれば，理髪業や食品小売業への需要を引き下げることにもなるでしょう。つまり，各産業間の密接な取引関係の中で，ある産業の需要の増減は，各関連産業や家計行動に直接・間接の影響を及ぼすことになります。

　産業連関表とは，互いに影響を及ぼし合っている産業相互間の経済取引を一覧表にしたものです。巻末の**付表1**は平成17年度のものです。

　2産業の簡単な経済を考えて，産業連関分析の方法を学習しましょう。

　ある国では，農産物と工業品のみを作っており，生産に必要なのは労働だけであるとします。**図表58**がその国の産業連関表です。

　まず表を横に見てみましょう。表の第1行は農業から農業自身へ80単位の

農産物が販売され，農業から工業へ64単位の農産物が販売され，家計に最終需要すなわち消費として256単位の農産物が販売されたことを示します。総生産量はそれらの合計で，80＋64＋256＝400単位となります。第2行は同様に工業からの農業，工業，最終需要への販売が，120，256，264単位であり，総生産量がその合計で640単位であったことを示します。第3行は家計からの労働サービスが農業と工業にそれぞれ160，320単位販売されたことを表します。産業は農業か工業ですから，家計から家計に労働サービスを売ることはありませんから，労働サービスの合計は160＋320＝480となります。

次に表を縦に見ます。表の第1列は農業が農業から80単位の農産物を購入し，工業から120単位の工業品を購入し，家計から160単位の労働サービスを購入したことを示します。第2列は工業の購入，第3列は最終需要について同様のことを表しています。

農業は80単位の農産物と120単位の工業品，160単位の労働サービスを投入して，合計で400単位の農産物を生産しています。そこで，農産物1単位の生産に必要とされるこれらの投入量を計算すると，80／400，120／400，160／400で，それぞれ0.2，0.3，0.4となります。これら1単位の財の生産に必要な投入物の量を**投入係数**といいます。

同様に工業についても投入係数を求めれば，図表59ができあがります。ここで注意することは，生産量にかかわらず投入係数が一定と考えることが産業連関分析の基本にあるということです。たとえば，農産物への労働サービスの投入係数は0.4ですから，農産物100単位，200単位，500単位の生産に必要な労働量は，それぞれ40，80，200です。

図表58　産業連関表

販売＼購入	農業	工業	最終需要	総生産量
農業	80	64	256	400
工業	120	256	264	640
労働サービス	160	320	0	480

59 生産量および価格の決定

Determination of Products and Prices

産業連関表を用いて，GDPの三面等価が確認できる

図表58での農産物と工業品への最終需要量はそれぞれ256，264単位でした。その時生産量がそれぞれ400，640単位となっているわけです。では，もし最終需要量が300，450単位にそれぞれ変化したら，生産量はどれだけにしたらよいでしょうか。

農産物と工業品の生産量をそれぞれx_1，x_2とします。図表59から，農産物x_1単位の生産に必要な農産物は$0.2x_1$単位，工業品x_2単位の生産に必要な農産物は$0.1x_2$単位です。農産物の最終需要は300ですから，農産物への総需要は$0.2x_1+0.1x_2+300$となります。この総需要と総生産量x_1が等しくなければなりませんから，

$$x_1 = 0.2x_1 + 0.1x_2 + 300 \tag{59-1}$$

という式が得られます。

工業品についても同様にして，

$$x_2 = 0.3x_1 + 0.4x_2 + 450 \tag{59-2}$$

が求まります。

(59-1)式と(59-2)式を連立して解いて，$x_1=500$，$x_2=1{,}000$となります。

次に賃金が与えられた時に，農産物と工業品の価格がいくらになるかを計算しましょう。これら2つの産業ではともに完全に競争的で（このような市場を完全競争市場といいます），利潤がゼロとなっているとします。もし正の利潤

があれば，新たなライバルが参入し，競争の激化が利潤をゼロに限りなく近づくまで圧迫すると考えられるからです。

p_1，p_2をそれぞれ農産物と工業品の1単位の価格とし，wを賃金すなわち労働サービス1単位の価格とします。図表59から農産物1単位の生産には農産物，工業品，労働サービスがそれぞれ0.2単位，0.3単位，0.4単位必要ですから，生産に必要なコストは$0.2p_1+0.3p_2+0.4w$となります。利潤がゼロならばこれが農産物の価格と等しいことになりますから，

$$p_1 = 0.2p_1 + 0.3p_2 + 0.4w \tag{59-3}$$

となります。

工業品についても同様に

$$p_2 = 0.1p_1 + 0.4p_2 + 0.5w \tag{59-4}$$

となります。

今賃金wが5であるとします。$w=5$を代入して（59-3）式と（59-4）式を連立して解けば，$p_1=13/3$，$p_2=44/9$が求められます。

GDPも計算してみましょう。国内総生産は2つの産業での生産物の総額ですから$300p_1+450p_2=3,500$です。その生産物は2産業と家計に消費されましたから，国内総支出も同じく$300p_1+450p_2=3,500$です。一方国内総所得は企業の利潤がゼロのため，労働者の所得が総所得となりますから，$700w=3,500$になります。

㊵で学習した，GDPの三面等価が成り立っていることがわかります。

図表59　投入係数表

投入＼生産	農業	工業
農業	0.2	0.1
工業	0.3	0.4
労働サービス	0.4	0.5

EXERCISE

1. 国民経済計算の諸概念について以下の値が与えられているとします。この時GDPとGNIを求めなさい。

最終消費支出：250
総固定資本形成：120
在庫純増加：5
財・サービスの輸出：60
海外への要素所得支払い：15
財・サービスの輸入：40
海外からの要素所得の受取り：10
間接税マイナス補助金：30
固定資本減耗：50

2. 今，消費者物価指数が3つの項目（食費，住居費，被服費）からなる経済を考えます。1990年と2000年には家計の消費は以下の表のようであったとします。1990年を基準年とした2000年の消費者物価指数を求めなさい。

	1990年			2000年		
	量	単位価格	支出額	量	単位価格	支出額
食 糧	5	12	60	5	30	150
住 居	2	10	20	3	20	60
被 服	4	5	20	10	8	80
合 計			100			290

マクロ ②
財 市 場

ケインズ
John Maynard Keynes 1883〜1946

ジョン・メイナード・ケインズは，イギリスの経済学者です。ヴェルサイユ講話条約の過酷さに不満で辞任し，批判のために『平和の経済的帰結』(1919)を刊行しました。また1925年の『貨幣改革論』ではイギリスが金本位制度を断念し，管理通貨制度へ移行すべきだと主張しました。1936年に主著『雇用・利子および貨幣の一般理論』を出版しましたが，近代経済学の潮流と現実の経済政策への影響は絶大で，「ケインズ革命」と呼ばれるに至りました。乗数効果による国民所得の決定理論など，マクロ経済学の基礎を打ち立てたこの本も，刊行当時は1930年代の世界大不況期の失業問題への処方箋と解釈されました。政府の公共支出の増大による有効需要拡大政策が完全雇用の達成に有効とする考えは，アメリカのニューディール政策によって実行に移され成果を収めました。晩年はブレトン＝ウッズ体制の構築に尽力しました。

クライン
Lawrence Robert Klein 1920〜2013

ケインズの経済モデルを応用し，統計データを用いて連立方程式体系による一国経済全体を計量分析する試みは第二次世界大戦後に登場しました。ローレンス・ロバート・クラインの『合衆国における経済変動』(1950)がそれです。ミシガン大学で開発された計量経済モデルのクライン＝ゴールドバーガー・モデルは1954年のアメリカの経済不況を的確に予言しました。クラインは1980年にノーベル経済学賞を受賞しています。

⑥⓪ 新古典派経済学とケインズ経済学 Neo-Classical Economics and Keynesian Economics

新古典派は完全競争，供給が需要を決める。
ケインズは不完全競争，需要が供給を決める，有効需要の原理

　マクロ２の扉でも紹介しましたように，今日のマクロ経済学の基礎を築いたのは，イギリスの経済学者**J.M.ケインズ**の『**雇用・利子および貨幣の一般理論**』(1936)の出版でした。ケインズ以前から続いていた新古典派経済学とケインズ経済学との違いは，経済の規模を決めるのが供給なのか，それとも需要なのかの違いであると要約できます。

　新古典派経済学では完全競争市場を前提にします。市場全体の財の生産量が増えれば価格は下落しますが，その財を生産している個々の企業は十分に多く存在しているので，一つひとつの企業は市場で成立している価格に支配力を持たず，市場価格を与えられたものとして利潤を最大化するよう最適な行動を取ります。それは**図表60-A**で示されたように，限界費用が価格と一致するだけ生産することで達成されます（詳しくはミクロ２参照）。生産水準すなわち供給は個別企業の費用条件だけから決まり，供給が決まるとそれをすべて消費需要する水準に市場の価格が動き，再び新しい価格で個別企業が生産を変更する調整過程を経て，均衡に至るまで供給に等しいだけの需要が必ず発生すると考えます（これを**セイの法則**といいます）。均衡価格が低ければ個別企業の生産量は減りますが，自由な参入のもとでは企業数が増えることで存在する資源は無駄なくすべて利用され（完全雇用）ます。結局，生産に関する技術的な条件（生産関数）から生産量が決まり，これに市場で決まる価格を乗じてGDPが得られるというわけです。

　他方ケインズは，市場は完全競争でなく不完全競争である前提から出発します。今度は企業はみずからの価格を下げれば販売量を伸ばせる半面，価格を上

げれば販売量が落ちます。企業が直面する個別需要曲線は**図表60-B**に示されたように右下がりとなり，企業の最適生産量は限界収入と限界費用が一致する水準で決まります。この場合需要量の変化（需要曲線の位置）が最適生産量に大きな影響を与えますが，これに着目して現実の生産水準が需要によって決定されると単純化し，さらにそれを個別企業のみでなくマクロの視点に拡張して，一国全体の総需要がGDPを決定すると考えたのがケインズの**有効需要の原理**です。

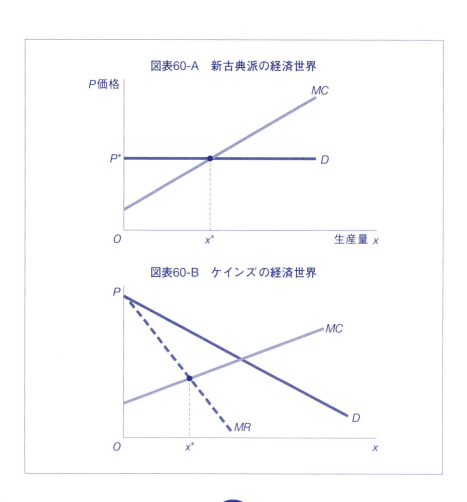

61 消費関数と（限界）消費性向
Consumption Function and (Marginal) Propensity to Consume

ケインズ型消費関数は $C = cY + C_0$
c は（限界）消費性向で，$0 < c < 1$，C_0 は基礎消費で $C_0 > 0$

　ケインズ理論のGDP決定モデルでは，財の総需要は民間の消費需要（C），同じく民間の投資需要（I），そして政府支出（G）から成ると考えられています。それ以外にも海外からの純需要（輸出 E ー輸入 M）も総需要を構成しますが，以下ではしばらくの間貿易のない閉鎖経済のケースだけを考えることにします。

　はじめに**消費需要**（C）について検討します。個人の消費額が個人の所得の水準に強く左右されるのと同様に，ケインズは一国全体の総消費も，その国の総所得水準すなわち国民所得ないしGDPによって左右されると考えました。

　個人の消費支出を観察すると次の3つの傾向が読み取れます。①消費支出はその人の所得が多ければ多いほど多額となります。②しかしたとえばAさんよりも年に100万円多く稼いだBさんの年間消費支出額はAさんより多いとはいえ，その差は100万円よりは小さくなります。③そして仮に何らかの事情で所得がゼロとなった年にも，過去の所得を切り崩して必要最低限の消費をします。**図表61-A**は1人の国民についてその個人所得額 y とその際の消費支出額 E の関係（個人の消費関数）をグラフに示したものです。単純化するために消費支出は所得に比例して伸びると仮定していますので，$E = ey + E_0$ と表せます。ここで②から $0 < e < 1$，③から $E_0 > 0$ であることに注意してください。

　一国全体の総消費，すなわち民間の財の消費需要は，個人の消費支出額の総合計であり，他方国民所得は個人の所得の総合計ですから，すべての国民が同じ個人の消費関数を持っていると単純化すれば，**図表61-B**が得られます。これはA図を縦横両方の軸方向に人口倍スケールを拡大したものです。一国の消

費関数は

$$C = cY + C_0 \qquad (61\text{-}1)$$

と表され，ここで Y は国民所得，C は消費需要，c は**（限界）消費性向**と呼ばれ，やはり $0 < c < 1$ です。また C_0 は基礎消費と呼ばれ，$C_0 > 0$ です。こうした形の消費関数を**ケインズ型消費関数**ともいいます。

c が限界消費性向と呼ばれるわけは，所得が 1 単位だけ伸びた時に，どれだけの比率で消費にそれが配分されて，消費が伸びるのかを示す値だからです。今国民所得が Y_1 から $Y_1 + \Delta Y$ にわずかに変化した時に，消費が C_1 から $C_1 + \Delta C$ に変化したとします。この時，$C_1 = cY_1 + C_0$ および $C_1 + \Delta C = c(Y_1 + \Delta Y) + C_0$ が成り立っていることになります。後ろの式から前の式を引いて整理すると，$\Delta C / \Delta Y = c$ となります。

よく似た概念に平均消費性向というのがあります。これは所得に対して消費が占める割合のことで，$C/Y = c + (C_0/Y)$ ですから，所得が伸びるほど平均消費性向は小さくなっていくことがわかります。**図表61-B**で国民所得が Y^* の時の平均消費性向は OA の傾きで与えられます。

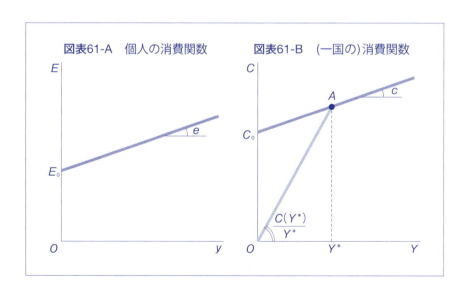

図表61-A　個人の消費関数

図表61-B　（一国の）消費関数

45度線モデル

45 Degree Model

財市場のみに着目して国民所得の決定を説明するシンプルなモデル。
$Y=C+I+G$ すなわち $(1-c)Y=C_0+I+G$ が均衡条件

　財の総需要を構成するほかの2つの要素，民間の投資需要（I）と政府支出（G）は，民間の消費需要のようには所得水準に依存して決まるものではありません。企業がセメントや鉄骨を購入して工場設備を拡張するなどの，財に対する投資需要量が多いか少ないかは，投資によって利益が期待できるかどうかによって決まります。また政府の公共支出はむしろ不況で国民所得水準が低迷している時にこそ必要とされて増額となる傾向があります。

　ここでは民間の投資需要（I）と政府支出（G）は国民所得とは無関係に決まり，当面は一定の値であると仮定しましょう。財市場の総供給にあたるGDPまたは国民所得の水準Yが決まると，この時財市場の総需要$C+I+G$は，**図表62-A**のように消費関数$C=cY+C_0$を上方に定数$I+G$だけシフトさせた値となります。

　他方有効需要の原理に従えば，需要が同じだけの供給を生み出し，前者が後者を決定するはずです。そこで総需要と総供給が一致する条件$Y_D=Y$をグラフに書きこめば，**図表62-B**の45度線$D=S$のようになります。

　財市場が均衡しているとは，総需要と総供給がつりあっていることです。これは総供給から決まる総需要（すなわち$Y_D=C+I+G$）と，その総需要から決まる総供給$Y_D=Y$（すなわち45度線）とが一致している，すなわち

$$Y=C+I+G \tag{62-1}$$

が成立している必要があります。(62-1) 式は**財市場の均衡条件式**と呼ばれるものです。**図表62-B**において均衡GDPないし均衡国民所得はE^*点で与えられ

るY^*です。

図表62-BのY_1は均衡GDPのY^*よりも大きくなっています。これは総供給Y_1 ＝S_1が消費関数を経て決まる総需要D_1よりも大きいことを意味していますから，財市場で財がすべては取引されずに売れ残ることになります。これは生産者が意図しなかった在庫を抱えることになりますから，以後生産者は生産量を減らし，総供給は減少します。逆に均衡GDPよりも小さいY_2の場合には，財市場で品物不足となって意図に反して在庫を切り崩して販売することになり，在庫を回復させるために以後生産を増やすでしょうから，総供給は上昇します。すなわち45度線モデルでの均衡GDPのY^*は安定的です。

均衡GDPのY^*を数式で表してみましょう。均衡条件式から$Y = C + I + G$で，かつ$C = cY + C_0$ですから，後者を前者に代入すると

$$Y^* = \frac{C_0 + I + G}{1 - c} \tag{62-2}$$

となります。つまり財市場を均衡させるGDPの水準は，基礎消費や投資，政府支出の水準，そして限界消費性向が大きいほど，大きな値となることがわかります。

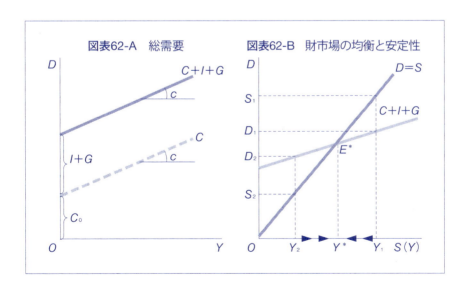

63 貯蓄関数と（限界）貯蓄性向

財市場の均衡は$S=I$，すなわち貯蓄と投資が等しいとも書きかえられる

均衡GDPの決定をさらに別の視点から考えてみましょう。

貯蓄（S）は課税後の所得のうちで，消費されない部分と定義します。すなわち租税額をTとした時に，$S=Y-T-C$あるいは$Y=S+T+C$と書くことができます。これに（61-1）式を代入して，**貯蓄関数**

$$S=(1-c)Y-C_0 \tag{63-1}$$

が求められます。ここで$1-c$は所得の1単位増加に対しての貯蓄の増加分に当たりますから，**（限界）貯蓄性向**と呼ばれます。

生産者の意図しない在庫投資I_uは，総供給から総需要を引いたものですから，$I_u=Y-Y_D$で表されます。$I_u>0$ならば供給過剰となり意図しない在庫投資が発生したことになります。ここで$Y=S+T+C$および$Y_D=C+I+G$を代入し，政府の財政支出が均衡している，すなわち$T=G$と仮定すれば，結局$I_u=S-I$となります。財市場の均衡条件は$Y_D=Y$でしたから，結局この条件は$I_u=0$あるいは

$$S=I \tag{63-2}$$

といいかえてもよいことがわかります。すなわち，財市場の均衡条件は**貯蓄と投資の均等**と同じなのです。

図表63は貯蓄関数と投資関数による均衡GDPの決定を図示したものです。投資IはGDPの水準と関係なく定数と考えてきましたから，横軸に平行にとられています。GDPがY_1の時には貯蓄が投資を上回っており（$S>I$），意図しな

い在庫投資が発生し（$I_u > 0$），企業は生産を縮小します。またGDPがY_2の時には貯蓄が投資を下回っており（$S < I$），意図しない在庫減少が発生し（$I_u < 0$），企業は生産を拡大します。

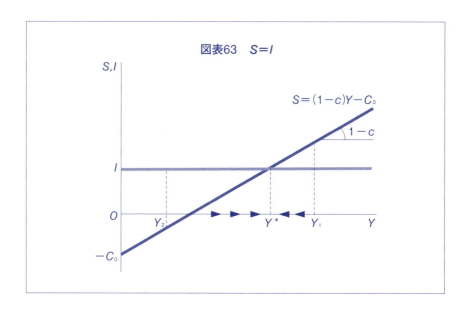

図表63　$S = I$

64 乗 数

Multiplier

GDPの増分ΔYは当初の投資の増分ΔIの$1/(1-c)$倍となる。$1/(1-c)$を投資乗数という

　財市場の均衡条件式（62-1）式において，民間の投資需要（I）と政府支出（G）はとりあえず一定として議論してきましたが，もし民間投資Iがたとえば1億円増加したら，均衡GDPであるYはいくら増加するのでしょうか。単純に$Y=C+I+G$ですから，右辺が1億円増えたので，左辺も1億円増えると考えるのは早とちりです。

　図表64を見てください。確かにまず第1段階として，Iが1億円増加したら，Yも1億円増加します。しかしYの増加は消費関数（61-1）式を通じて，今度はCを増加させます。$\Delta C/\Delta Y=c$でしたから，限界消費性向cの値がたとえば0.8ならば，消費の伸びは1億円×0.8＝8,000万円です。Cが8,000万円増加したので，（62-1）式より第2段階としてYも8,000万円増加します。これで終わりではありません。第2段階で8,000万円増えた所得に対しての消費の増加は8,000万円×0.8＝6,400万円です。再び（62-1）式から，第3段階としてYも6,400万円増加します。第4段階としてYが6,400万円×0.8＝5,120万円増加することはもうおわかりでしょう。その後もずっとこの効果は続きます。これを**乗数効果**といいます。

　Yが増加するとCが増加し，そのCの増加が今度はもとに戻ってYを増加させ，そのYの増加はまたCを増加させる……，こうした繰返しの効果をフィードバックといいますが，民間投資需要が増加すると，このようなフィードバック効果が働いて，最初の投資の増額1億円を大きく上回る増加（1億円＋8,000万円＋6,400万円＋5,120万円……）をGDPに与えることになるのです。これを投資の乗数効果といいます。

乗数効果の結果，トータルでGDPはいったいどれだけ増加するかを調べてみましょう。1億円＋8,000万円＋6,400万円＋5,120万円……は1億円＋0.8×1億円＋$(0.8)^2$×1億円＋$(0.8)^3$×1億円……ですから，最初の投資の増額1億円をΔIと表し，0.8を元の限界消費性向cに戻してやれば，結局GDPの増分は$\Delta Y=(1+c+c^2+c^3+\cdots\cdots)\Delta I$ということになります。

❷で導いた（62-2）式を思い出してください。投資がI_1の時，均衡GDPがY_1であったとします。次に投資が$I_1+\Delta I$となった時に，均衡GDPが$Y_1+\Delta Y$に変化したとします。この時，

$$Y_1=\frac{C_0+I_1+G}{1-c}, \quad Y_1+\Delta Y=\frac{C_0+(I_1+\Delta I)+G}{1-c}$$

が成り立ちます。後ろの式から前の式を引けば

$$\Delta Y=\frac{1}{1-c}\Delta I \tag{64-1}$$

が得られます（$1/(1-c)$を**投資乗数**といいます）。結局トータルで増加するGDPは$1/(1-0.8)=5$ですから，5億円です。

民間投資の代わりに，政府支出が増加した場合も均衡GDPの増加に与える乗数効果は同じであること，すなわち$\Delta Y=1/(1-c)\Delta G$を確かめることは容易と思います。$1/(1-c)$は**政府支出乗数**でもあるのです。

図表64　投資1億円増がGDPへ与える影響

供　給	需　要	
Y	C	I
↑1億円		↑1億円 ①
↑8,000万円	↑8,000万円 ②	
↑6,400万円	↑6,400万円 ③	
↑5,120万円	↑5,120万円 ④	
⋮	⋮	
↑5億円		

65 乗数の応用

Advanced Study about Multiplier

租税乗数 $\dfrac{\Delta Y}{\Delta Y}=-\dfrac{c}{1-c}$, 均衡財政乗数＝1, 比例税導入の投資乗数＝$\dfrac{\Delta Y}{\Delta I}=\dfrac{1}{1-c(1-t)}$

乗数効果の応用を3つ勉強しましょう。

第1に，消費額を所得に応じて決定する場合には，人々は税を引かれた後の所得**（可処分所得）**を基準にしているはずです。そこで消費関数（61-1）式を $C=c(Y-T)+C_0$ と書き改め，税額 T の変化が均衡GDPに与える影響を同様にして調べてみると，**租税乗数**

$$\dfrac{\Delta Y}{\Delta T}=-\dfrac{c}{1-c} \tag{65-1}$$

が求められます。税の増加はGDPを減少させますから，マイナスの符号がついていることに注意してください。このケースでの投資乗数は $1/(1-c)$ です。

第2に，財政収支を均衡させつつ政府支出を変化させることを考えましょう。この場合には，政府支出の増額と租税額の伸びとが等しい，すなわち $\Delta G=\Delta T$ を満たしながら両者を同時に引き上げますので，

$$\Delta Y=\dfrac{1}{1-c}\Delta G+\dfrac{-c}{1-c}\Delta T=\Delta G\ (=\Delta T) \tag{65-2}$$

となります。すなわちこの場合には政府支出の増額と同額のGDPの伸びが期待でき，**均衡財政乗数**は1ということになります。

第3に，現実の経済では所得税や法人税など，税額も支払能力すなわち所得に応じて決まることがしばしばあることに注目しましょう。そこで税関数を $T=T_0+tY$ と定義しましょう。T_0 は固定資産税など所得の変化とは無関係に決まる税に相当します。t は所得税率で，ここでは**比例税**を考えることにし，所得額にかかわらず，一定の値をとるものとします。消費関数は $C=c\{Y-(T_0$

$+ tY)\} + C_0$ となり,投資乗数は

$$\frac{\Delta Y}{\Delta I} = \frac{1}{1 - c(1-t)} \tag{65-3}$$

となって,所得比例税を導入しない第1のケースの$1/(1-c)$と比較して小さい値となります。民間投資などの値が変動した時に乗数が小さいということは,GDPの変動幅が小さいことを意味しますから,経済の安定という面で優れています。所得に依存した税制度は**景気変動の自動安定化作用**がある,いいかえれば**ビルト・イン・スタビライザー**としての機能があるといえます。

column さまざまな消費関数

クズネッツはGDPが増大しても長期的に平均消費性向はほぼ一定であったとする実証研究を行いましたが,ケインズ型の消費関数(これは国民所得水準Yに依存しますから,絶対所得仮説と呼ばれます)ではGDPが増大すれば平均消費性向は下落します。そこで現在の消費Cが何に依存するのかに関して以下の学説が生まれました。

将来の所得に依存すると考えたのがフリードマンとモディリアーニです。フリードマンは所得を恒常所得と変動所得に分け,消費水準はこれから毎年稼げると思われる所得の平均である恒常所得に依存するとしました(恒常所得仮説)。またモディリアーニは現在の消費は生涯所得に依存するとしました(ライフ・サイクル仮説)。

デューゼンベリーは,現在の消費が自分の過去の所得や消費レベルに依存し(これをラチェット効果といいます),さらには他人の消費レベルに依存している(これをデモンストレーション効果といいます)とする相対所得仮説を唱えました。

トービンは,消費が所得以外に預貯金などの流動資産の量に依存するとする流動資産仮説を唱えました。

⑥⑥ インフレギャップ，デフレギャップ
Inflationary Gap, Deflationary Gap

総需要＞（＜）総供給ならば経済はインフレギャップ（デフレギャップ）にあり，緊縮（拡張）財政政策が必要となる

図表66-Aは図表62-Bと同じもので，均衡GDPはY^*で与えられています。すでに述べたように均衡は安定的で，均衡から離れても自然に経済状態はY^*に戻る力が働きます。

均衡GDPのY^*が同時に労働や生産資源をすべて使い切った完全雇用を達成していれば問題はないのですが，需要が供給を決めるケインズ経済学ではそうなる保証はありません。

もし完全雇用GDPのY_FがY^*よりも大きいならば，Y_Fでは財の総供給がAB，総需要がBCと**供給過剰（需要不足）**状態となっています。この時にY_FはABだけの**デフレギャップ**があるといいます。需要不足の経済では物価が下落するデフレーションが生じるのでこう呼ばれます。この場合たとえ完全雇用GDPが一時的に達成されたとしても，そのままでは長続きせず，ふたたびY^*の水準に戻ってしまいます。完全雇用GDPを安定的に達成するためには，政府支出を増やす拡張財政政策によって$Y=C+I+G$を$Y=C+I+G+\Delta G$へとシフトさせなくてはなりません。

逆に均衡GDPの水準が完全雇用GDPの水準を上回っている図表66-Bのケースでは，Y_Fでは財の総供給がBC，総需要がACと**供給不足（超過需要）**状態となっています。この時Y_FにはABだけの**インフレギャップ**があるといいます。供給不足の経済では物価が上昇するインフレーションが生じるのでこう呼ばれます。この場合完全雇用GDPを安定的に達成するためには，政府支出を減らす緊縮財政政策によって$Y=C+I+G$を$Y=C+I+G-\Delta G$へとシフトさせなくてはなりません。

146

このように政府は政策目標を達成するために総需要をコントロールします。これを**総需要管理政策**といいます。

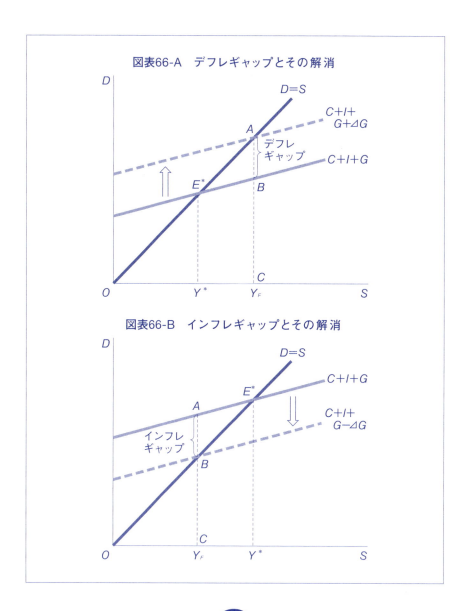

図表66-A　デフレギャップとその解消

図表66-B　インフレギャップとその解消

EXERCISE

1. GDPが消費（C），投資（I），政府支出（G）からなる経済において，消費関数が $C = 20 + 0.75Y$ で表され，投資 $I = 17.5$ 兆円，政府支出 $G = 10$ 兆円であるとします。この時次の各問に答えなさい。

(1) 均衡GDPを求めなさい。
(2) 投資乗数を求めなさい。
(3) 完全雇用GDP水準が250兆円である時，この水準を達成するには政府支出をいくらにすればよいでしょうか。

2. ある国のマクロ経済が $Y = C + I + G$, $C = 0.8(Y - T)$ で示されるとします。ただし

Y：GDP
C：消費
I：投資（一定）
G：政府支出
T：徴収された租税

です。この国の政府は10の政府支出拡大を行う一方で，均衡財政で維持するために同時に10の増税を行うことを決定しました。この国のGDPはどのように変化するでしょうか。

3. 完全雇用GDPは500兆円で，投資および政府支出の和が100兆円，消費関数が $C = 0.5Y + 50$ の経済を考えます。この時発生しているインフレギャップまたはデフレギャップの金額を答えなさい。

マクロ ③
貨幣市場

フリードマン
Friedman, Milton 1912〜2006

マネタリストと総称されるシカゴ学派の中心人物で，貨幣分野における実証研究および貨幣数量説の理論展開で知られています。貨幣数量の変化が生産や雇用に与える影響（伝達経路という）を重視しますから，流動性のワナが有効需要増大を妨げるとするケインズ経済学とは対照的です。他にも期待調整フィリップス曲線や恒常所得仮説，変動為替相場制の主張などさまざまな業績があり，新自由主義者として経済活動の自由の重要性を一貫して主張しました。

ルーカス
Lucus, Jr., Robert E.1937〜

フリードマンに続く世代の中心的存在として，1970年代前半に合理的期待形成仮説を軸にマクロ経済学を再構築しました。たとえば国債を増発して財政政策をした時に，合理的な人々は将来の償還の際の増税を予想して貯蓄を増やすため，消費支出が減少して有効需要が増大しないことになるとも考えられます。このように人々が合理的期待に基づいて政策の変更による結果を予想する限り，ケインズ的な政策は短期的にも無効となると主張して，ケインジアンを痛烈に批判しました。

㊻ 資産市場

Asset Market

資産市場は貨幣市場と債券市場の2つ

　マクロ2では財市場での取引と，その結果としての均衡GDPの決定について学習しましたが，これは経済のフローの側面を見ることでもありました。マクロ3ではストック経済の性質について考えることにします。

　マクロ1でも学習したように，ストックとは資産のことです。毎年の所得から消費（および租税）を除いた残りは貯蓄されますが，こうして蓄えられていった貯蓄は，貯金や株式・不動産などの形で，老後や緊急事態に備えて家計が保有する資産となります。現実にはさまざまなタイプの資産が存在しますが，煩雑さを避けるためマクロ経済学では**貨幣**と**債券**の2つに代表させて議論してゆきます。貨幣（厳密な定義は㊽で行います）以外の株式や国債，社債，不動産などの資産を広く一括して「債券」と考えてください。

　貨幣と債券ではその性質は大きく異なります。貨幣は収益性（それを所有することで資産が増える平均の割合）やリスク（場合によっては資産価値が減る可能性があること）がないに等しい反面で，分割可能性（資産を小分けして活用できる）や流動性（他の資産や財と簡単に交換できる）がきわめて高い資産といえます。これに対して，債券は収益性がある（少なくとも定期預金等よりは高い）反面でリスクも存在しますし，どんな債券でも分割可能性や流動性は貨幣に劣ります。

　このように貨幣と債券は対称的な性質を持ち，どちらかが他方よりも勝っているとはいえません。それで一般に人々は自分の持つ資産の一部を貨幣で，残りを債券で保有しようと考えます。当面不要な現金を持つよりはなにがしかの債券に投資したほうが資産を増やすことができますし，まったく貨幣を持たな

150

いでいると急な支払いなどの時に不便です。資産をバランスよく持つことが賢い選択といえますが，こうした行動を**ポートフォリオ選択**といいます。

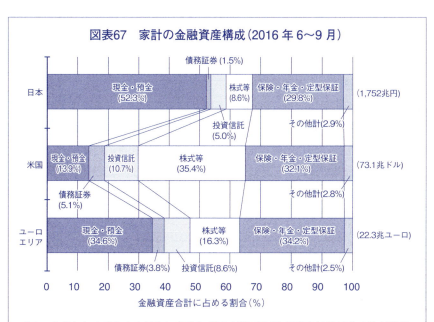

図表67　家計の金融資産構成（2016年6〜9月）

* 「その他計」は，金融資産合計から，「現金・預金」「債務証券」「投資信託」「株式等」「保険・年金・定型保証」を控除した残差。
** 資料：「資金循環の日米欧比較」2016年12月22日
　　日本銀行調査統計局

68 貨幣

Money

資産としての貨幣はマネーストックと呼ばれ，
含める預金の範囲によって M_1 から M_3 まである

貨幣といって頭に浮かぶのは一万円札などの日本銀行券や，500円玉などの硬貨でしょう。これらは現金通貨と呼ばれる最も身近な貨幣ですが，マクロ経済学で「貨幣」という場合にはより広い範囲の資産を指します。そこで特に区別するために「貨幣」の代わりに**マネーストック**といったりすることもあります（以前はマネーサプライと呼んでいました）。

貨幣には次の3つの役割があります。

第1は**価値基準**としての役割です。これはすべての財やサービス，資産の価値を「円」単位の価格で表すことで，相互の比較を可能にすることです。

第2には**交換・決済手段**としての役割があります。財やサービスの交換は貨幣が仲立ちとなり，支払いは貨幣によってなされることをいいます。

第3に**価値保蔵手段**としての役割があります。これは必要な時まで価値を保ちつつとっておけるということです。第3の役割は資産全般にあるといえますが，逆に3つの役割をすべて備えているのは現金通貨に限りません。当座預金（小切手などの決済に用いられる利子の付かない預金）に基づく「小切手」や普通預金に基づく「振込み」が支払いの決済手段として立派に通用することからも，預金（deposit）も貨幣と考えられるからです。

どのような預金まで含めるかによって，貨幣ないしマネーストックにはさまざまな定義があります。

最も流動性が高い定義は M_1 **（エム・ワン）** で，現金通貨に**預金取扱金融機関**に預けられた**預金通貨**を加えたものです。これに対して，現金通貨に国内銀行に預けられた預金を加えた M_2 **（エム・ツー）** があります。M_1 と M_2 は2つ

の点で異なっています。まず預金取扱金融機関と国内銀行の違いです。M_1 にはゆうちょ銀行や信託，農協，漁協，信用組合が含まれるのに対して，M_2 にはそれらは含まれず日本銀行の直接的な管理下にある金融機関に絞られます。

したがってこの点からすれば M_1 は M_2 に比べてより広い定義といえます。一方で預金通貨と預金の違いは，預金通貨が要求払い預金（当座預金および普通預金）を意味するのに対して，預金はそれに加えてより流動性が低い定期預金や外貨預金のような準通貨，それに第三者に譲渡可能な定期預金である譲渡性預金 CD を加えたものです。この点から見れば，M_2 は M_1 に比べてより広い定義といえます。

なお M_1 と M_2 の両方を含んだ最も広範な定義として，**M_3（エム・スリー）** があり，これには現金通貨に預金取扱金融機関に預けられた預金が含まれます。

マネーストックに占める現金通貨の割合は 10％未満でしかありません。貨幣とは主に預金，すなわちストックとしての資産のことをマクロ経済学では考えているのです。

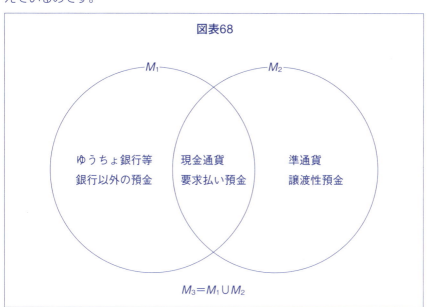

図表68

$M_3 = M_1 \cup M_2$

❻❾ 信用創造

Credit Creation

銀行は乗数過程を通じて本源的預金の何倍ものマネーストックを生み出す

マネーストックの大半が預金であることから，預金の総量がどのようにして決まるかのメカニズムを調べておく必要があります。

市中銀行（いわゆる普通の銀行）は，家計からの資金を預かり，代わりに預金金利に基づいた利子を支払います。預金のうち近い将来引き出される金額は多くないと考えられますから，銀行は預金のうちのごく一部を手元に残して（これを準備といいます），残りは資金不足の企業に，貸出金利に基づく利子を取る形で貸し付けます。貸出金利と預金金利の差額が銀行の利益となります。

たとえば，家計から銀行に新しく100万円預金されたとします。この段階では日本全体のマネーストックの量は変わらず，持ち主が家計から銀行へと移っただけです。

銀行が準備として持つのは預金の10%としましょう。100万円の10%，10万円を手元に残し，残りの90万円は資金不足に悩む企業Aに貸し付けることができます。

企業Aはこの借入金をそっくりそのまま取引相手の企業Bに支払うとします。具体的には企業Bの預金口座に振り込む形で支払うことが通常ですから，企業Bの預金額が90万円増えることになります。

銀行は今度は企業Bからの預金の増加分の10%，9万円を手元に残して，残りの81万円を再び資金不足の企業Cに貸し付けることができます。企業Cは借入金を企業Dへの返済に当て，企業Dの銀行預金が81万円増加し，銀行は8.1万円を手元に残して，72.9万円を企業Eに貸し付けます。

以上のメカニズムは❻❹で学習した乗数理論と同じです。銀行の貸付けによっ

て，マネーストックは，家計の預金100万円**（本源的預金）**から出発して，企業Bの預金90万円，企業Dの預金81万円というように，派生的に増加して行きます。この経済現象を銀行の**信用創造**，あるいは**貨幣の乗数過程**といいます。

本源的預金からどれだけのマネーストックが生み出されるかは，**準備率**をどれくらいとするかで決まります。本源的預金をX，準備率をr（$0 < r < 1$）とすれば，第1段階の**派生的預金**は$(1-r)X$，第2段階の派生的預金は$(1-r)^2 X$となって，結局マネーストックを求めてみると，(64-1)式と同じ要領により，

$$M = X + (1-r)X + (1-r)^2 X + (1-r)^3 X + \cdots\cdots = \frac{X}{r} \qquad (69\text{-}1)$$

となります。上の例では準備率$r = 0.1$でしたから，マネーストックは本源的預金の10倍，すなわち1,000万円増となります。現金通貨の何倍ものマネーストックが銀行の信用創造によって生み出されるのです。もし準備率が0.2ならマネーストックは500万円増です。

図表69　信用創造

銀　行	企　業	家　計
100万円 ←	本源的預金	100万円
派生的預金1	Ⓐ　90万円	
90万円 ←	Ⓑ	
派生的預金2	Ⓒ　81万円	
81万円 ←	Ⓓ	
⋮	Ⓔ　72.9万円	
↑　1,000万円		

(70) ハイパワード・マネーと貨幣乗数

High-powered Money and Money Multiplier

日本銀行がコントロールできるのがハイパワード・マネー。M/Hが貨幣乗数

(69)ではマネーストックの大半を占める預金残高が決まる過程を学びました。それでは政策的にマネーストックの量を調節する方法はどんな手段が可能なのでしょうか。

市中銀行が日本銀行に預け入れている準備と現金通貨を合わせたものを，**ハイパワード・マネー**（ベース・マネー）といい，その総量は日本銀行によってコントロールできます。準備の量は法定の準備率に従って決まるからです。それではハイパワード・マネーとマネーストックとの関係はどうなっているのでしょうか。

マネーストックMは，現金通貨Cと預金Dの和ですから，$M=C+D$と書けます。他方ハイパワード・マネーHは，現金通貨Cと銀行の準備Rの和ですから，$H=C+R$と書けます。準備Rは預金量Dに準備率rを掛けたものですから，$R=rD$です。以上を用いて，マネーストックMとハイパワード・マネーHの間に成り立つ関係式を書くと，

$$\frac{M}{H}=\frac{C+D}{C+R}=\frac{\left(\frac{C}{D}\right)+1}{\left(\frac{C}{D}\right)+\left(\frac{R}{D}\right)}=\frac{\left(\frac{C}{D}\right)+1}{\left(\frac{C}{D}\right)+r} \qquad (70\text{-}1)$$

となります。分母と分子両方に出てくるC/Dは，現金・預金比率で，現実には約0.1です。準備率rは約0.01ですから，マネーストックMはハイパワード・マネーHの約10倍ということになります。（70-1）式の右辺を**貨幣乗数**または通貨乗数といい，MがHの何倍かを示す値です。

貨幣乗数が一定であれば，MとHは1対1に対応しますから，日本銀行がHのみならずMを決定できるといえます。しかし預金すると多くの利子がつけば人々はなるべく余分な現金を持つことをやめて預金に回しますから，現金・預金比率$C／D$は金利が上昇すれば下がる性質があります。すなわち貨幣乗数は金利の増加関数という性質を持っているなど，常に一定とはいえないところに政策的な難しさがあります。

column

日本銀行券と貨幣

　現金通貨には日本銀行が発行する貨幣すなわち「日本銀行券」と，政府（財務省造幣局）が発行する硬貨すなわち「（補助）貨幣」とがあります。

　日本銀行券が完全法貨と位置付けられるのに対して，貨幣は法律による強制通用力に制限のある不完全法貨です。具体的には，貨幣は額面価値の20倍までしか強制通用が認められません。つまり1円硬貨50枚を持って50円の買い物をしようとするお客に対して，店主は嫌ならば拒否できるわけです。

　また，硬貨を外国に持ち出した場合に，通常両替を拒否されることは，海外旅行の経験がある人にはお馴染みでしょう。

　日本の500円硬貨は，世界で最も高価な貨幣の1つですから，日本に旅行した外国人がうっかり本国に持ち帰ったときには，受けるダメージは結構なものです。

日本銀行の金融政策(1)

Monetary Policies by Bank of Japan

基準割引率ないし基準貸付利率に基づく政策には，
アナウンスメント効果がある

　日本銀行は市中銀行とは異なって，**発券銀行**（紙幣・日本銀行券の発行），**政府の銀行**（金融政策の実行），**銀行の銀行**（市中銀行のみと取引し，企業や家計とは取引しない）という特殊な役割を持った中央銀行です。ここではハイパワード・マネー（さらに⑩で学んだように，貨幣乗数から間接的にマネーストック）をコントロールするために，日本銀行が行う金融政策について学習しましょう。

　一般に景気が沈滞気味のときには，ハイパワード・マネーを増やす**金融緩和政策**が取られ，逆に景気が加熱気味のときには，ハイパワード・マネーを減らす**金融引締め政策**が取られます。たとえば，前者の場合には，銀行の資金的な余裕が増えた結果，企業への貸し付け額が増加して企業活動が活性化し，景気を刺激することができます。

　代表的な金融政策として以下があります。

　第1は**基準割引率ないし基準貸付利率に基づく政策**です。長い名前ですが，これは2006年8月までは公定歩合政策と呼ばれていました。

　公定歩合を定義すると，銀行が所有する商業手形のうちで特に信用度の高い適格手形を，日本銀行が割り引くのに用いられる**割引率**のことです。企業が資金不足になった時などに，満期の来ていない手形を銀行に買い取ってもらうよう持ち込んだりしますが，満期までは現金にならないため，銀行は満期までの利息に相当する分を差し引いて企業からこれを買い取ります。これを「手形を割り引く」といいます。同様に銀行が貸し出し用の資金不足になると，日本銀行にこの手形を割り引いて買い取ってもらいます（再割引）が，このときの割

引率が公定歩合なのです。

　割引率の大小は満期までの利息をどれだけとするかによって決まりますから，公定歩合の水準が大きいことは，市中銀行に資金を融通する際に高い金利を課していることと同じです。公定歩合が引き上げられれば，市中銀行はそれに対応して手形の割引率や企業への貸出金利を引き上げます。そうしないと資金の貸借に際しての金利の差で得ている銀行の利益が圧迫されるからです。

　したがって公定歩合の引き上げ（引き下げ）は，銀行からの企業への貸し出し金利が上がる（下がる）こととと直結し，企業は高金利で資金を借りても利益が上がる分野に絞って活動することとなり（高金利時には利益が出なかった分野でも利益が上がるようになって活動範囲を拡大し），景気は引き締められます（刺激されます）。

　上に述べたように以前は公定歩合に預金金利などの金利が連動していましたが，1994年に民間銀行が金利の決定を自由に行えるようになって以降は，**コール市場**（銀行間での短期資金貸借の市場）での金利（**無担保コール翌日物**）の方が安いために，資金調達はもっぱらこちらが利用されるようになりました。その結果公定歩合の役割は小さくなり，コール市場の金利の上限としての役割を担うことになりました。しかしその変化は日本銀行の景気政策の重要なシグナルとしての意味を持っています。たとえば公定歩合の引き上げは，景気の引き締め政策がとられたということですから，景気が将来悪化することが予想でき，企業は設備投資や雇用を手控えるでしょう。こうした効果を**アナウンスメント効果**といいます。

72 日本銀行の金融政策(2)

Monetary Policies by Bank of Japan

公開市場操作は日本銀行が市中銀行と債券の売買をする政策。
法定準備率操作は市中銀行の日銀への当座預金をコントロールする

第2番目は，**公開市場操作**または**オープン・マーケット・オペレーション**(Open Market Operation) と呼ばれるものです。これは日本銀行が国債などの債券を市中の市場で売買することで，ハイパワード・マネーの量をコントロールする方法です。

手形や債券を日銀が売る（**売りオペレーション**）と，買い手が保有する現金がそれだけ吸収されハイパワード・マネーが低下するので，景気が引き締められます。逆に銀行等の持つ手形や債券を日銀が買い取る（**買いオペレーション**）と，ハイパワード・マネーが増大して信用が拡張され，景気は刺激されます。この政策は微調整が効き柔軟性に富むので，もっとも多く利用されます。

第3番目は**法定準備率操作**（Reserve Requirements Policy）です。⑰で述べたように，市中銀行など民間金融機関が持つ預金の一定割合に当たる準備金には2種類あります。1つは法定準備金と呼ばれるもので，預金の一定割合（法定準備率）にしたがって日本銀行に預けることを法的に義務付けられた預け金です。この他に銀行独自に預金の引き下しに備えて手元に保有する現金も準備金です。法定準備率操作とはこのうち前者の準備金の金額を，法定の準備率を操作することで変更することにより，ハイパワード・マネーを調節する方法をいいます。

（70-1）式から，準備率の引き上げ（引き下げ）は貨幣乗数を引き下げ（引き上げ），マネーストックを減少（増加）させるので，景気を引き締め（刺激し）ます。わずかな準備率の変化でも金融界に与える影響が大きいため，中長期的には用いられますが，短期のコントロールには適していません。

column 新古典派の貨幣数量説

　貨幣価値を貨幣数量（貨幣残高）に求める学説を貨幣数量説といいます。他の事情が不変ならば，貨幣数量の増加（減少）は貨幣価値を引下げ（引上げ），比例的に物価水準を引き上げ（引き下げ）るとする考え方です。古くはロックやヒュームの時代から，現在のシカゴ学派に至るまで，貨幣数量説は歴史的に継続して主張されてきましたが，もっとも有名な学説はアメリカのアーヴィング・フィッシャー（1867〜1947）によって提唱された，**交換方程式**ないし**貨幣数量方程式**です。

　それは以下のように表されます。

$$MV = PT \qquad (72\text{-}1)$$

　ただし M は貨幣数量，P は物価水準，T は取引量，V は貨幣の流通速度すなわち1枚のお札が一定期間に何度使用されたかを示す尺度を表します。(72-1) 式の左辺は一定期間内に使用された実質的な貨幣量で，右辺は同じく一定期間内の取引量を表します。たとえば1億円分の紙幣（M）が印刷されて流通している時，1万円の財（P）が10万個（T）取引されたとすると，10億円の取引ですから1枚の1万円札がそれぞれ，10回（V）ずつ取引に使用されたと考えればよいのです。ここでもし V と T が一定ならば，貨幣数量 M が物価水準 P に直接的に影響します。

　ケンブリッジの現金残高方程式というのもあります。それは

$$M = kPY \qquad (72\text{-}2)$$

で表されます。ここで k は貨幣の流通速度 V の逆数で，**マーシャルの k** と呼ばれます。また Y は実質国民所得で，取引量 T と同じといえますから，結局 (72-1) 式と (72-2) 式は本質的に同じです。

　貨幣数量が経済の実物部門すなわち国民所得水準に影響することなく，単純に物価水準にだけ影響するという考え方は，貨幣ヴェール観，または古典派の二分法と呼ばれます。

73 日本銀行の金融政策(3)

Monetary Policies by Bank of Japan

バブル景気は日本銀行が金利引き上げをためらったことが一因

　日本銀行の金融政策を歴史的に振り返ってみましょう。1985年9月，アメリカ・ニューヨークのプラザホテルで，先進5カ国の大蔵大臣・中央銀行総裁会議が開かれ，為替をドル安・円高に誘導する方針が決まりました。これを**プラザ合意**といいます。レーガン政権下のアメリカが高金利を採用したためにドル高となり，アメリカ製品の国際競争力が低下して膨大な貿易赤字が発生していました。今回の合意はそれを是正しようとするものです。

　為替相場は先進各国の合意を受けて大きく円高方向に動き，プラザ合意当時の1ドル＝240円前後から，翌1986年1月までの半年足らずに1ドル＝200円を割り込みました。当時の日本は今以上に輸出に依存していましたが，円高によって日本製品の海外での価格が上昇したため，日本経済は深刻な打撃を受けました（**円高不況**）。

　不況に対処するため，政府は公共事業を拡大しました。また日本銀行は公定歩合を再三にわたって引き下げ，1980年11月には7.25％あったものが，1987年2月には2.5％にまで低下しました。**71**で学んだように，公定歩合と市中金利は連動していましたから，こうなると企業は銀行から低利で資金融資が受けられ，設備投資を増やし，また雇用を拡大するなどしたので，景気が上向いてきます。好景気を背景として土地の売買も活発化し，地価も上昇しはじめました。銀行からの低利の融資で集めた資金を使い，転売目的で土地を買おうとする人や企業が多くなると，もともと供給に限りがあるので，地価は急上昇します。土地を持つ人たちは思いがけず財産が急増したことになり，**資産効果**によって高額な商品への消費が拡大しました。これが**バブル景気**です。

景気が過熱気味にある時，日本銀行は公定歩合の引き上げなど金融引き締め政策を採用しなくてはなりません。しかし，1987年10月にアメリカで起こった株価の暴落（**ブラック・マンデー**）のため，投資資金が流出すれば経済がいっそう悪化することになるアメリカの事情に配慮して，日本銀行はその後1年半も公定歩合を据え置き続けました。金利の引き上げが遅れたことでバブルを異常なまでに膨らませたことは，否定できない失策といえます。

図表73　公定歩合の推移

資料：日本銀行

74 日本銀行の金融政策(4)

Monetary Policies by Bank of Japan

バブル以後は「ゼロ金利」「量的緩和」「マイナス金利」などの景気刺激政策

　土地価格のあまりの上昇に，大蔵省（現財務省）は不動産取引への銀行融資を規制し始め（**総量規制**），さらに日本銀行が公定歩合を1年余りで6％にまで引き上げました。これにより土地の売買が冷え込んで地価は急落し，資産効果に依存して贅沢な消費を満喫してきたバブルがはじけました。土地を担保に資金を貸し付けていた銀行は融資が焦げ付いて**不良債権**を抱え込むことになり，相次いで経営破綻しました。バブルからの軟着陸ができず，一挙に不況になった原因の1つは，日本銀行による一転した高金利政策が与えたショックが大きすぎたともいえます。

　バブル以後景気は急速に悪化し，その後遺症は「**失われた20年**」とも呼ばれるほど，長期にわたりました。日本銀行は1990年代には，政策金利（1994年の金融自由化以後は公定歩合に代わって，無担保コールレート翌日物を金利政策の対象として誘導することを行いました）をギリギリまで下げることで，景気浮揚を図りました。1999年にはコールレートは0.02–0.03％にまで下がっています。これがいわゆる**ゼロ金利政策**です。しかし，多額の不良債権というバブルの負の遺産を抱えた銀行などの金融機関はいくら低金利でも融資に慎重でしたし，消費が冷え込んでいる中では企業も新規投資に二の足を踏みます。また政府による公共事業を中心とした積極財政政策も，結果として財政赤字を増やしただけでした。

　2000年8月にゼロ金利を解除した直後に，回復しかけたかに見えた日本経済は，アメリカの景気減速のあおりから，再度悪化しました。そして2001年3月に政府は日本経済が緩やかな**デフレ**にあるという見解を示すに至ったので

す。この時採用されたゼロ金利に代わる日本銀行の政策が**量的緩和**です。これは日本銀行が市中銀行の持つ国債を購入し，その代金を日本銀行にある各銀行の当座預金に振り込むことで，当座預金口座ではまったく増えないお金を銀行が引き出して企業への貸し出しを増やすことを期待するものです。市中に資金があふれますから，結果的にゼロ金利政策と表現しなくても，金利はゼロに近い水準になります。日銀は景気が一定の水準で回復し，消費者物価指数の対前年比プラスが定着したと考えられた2006年3月に量的緩和政策をやめました。

2008年の世界金融危機発生は日本のみならず世界経済全体に大きなダメージを与え，回復しかけた日本経済はまたもデフレ状態に陥りました。2011年の東日本大震災は，資産を外貨で運用していた日本の損害保険会社が支払いのため円に換金するため，将来円高になることを予想した海外の投資家が，投機目的で円買いをしたために円高が進み，輸出関連企業を中心に日本経済には打撃となりました。2012年に第2次安倍政権が発足すると，景気回復を最優先に掲げた黒田総裁は，2013年4月に**異次元的緩和**策という新しい政策を打ち出しました。これは2％の物価上昇の達成のために日本銀行が供給する資金を2年間で2倍にするという目標の下，年間50兆円もの国債や投資信託の買い取りなどを行うという内容です。景気を回復させ，一定の水準に物価上昇を持って行くことを目標とするこの政策を**インフレ・ターゲット**といいます。このあまりに大胆な政策は産業界からも好感を得て，通貨膨張による円安も加わり，景気浮揚と物価上昇をもたらすなどデフレ脱却に効果がありました。それに加えて2014年に消費増税で経済が減速すると，さらに国債の買い入れ額を増やすなどの金融緩和に踏み切りました。さらにダメ押しが2016年1月の**マイナス金利**導入です。銀行が企業への貸し出しを増やすように誘導しようとする目的で，日銀に預けている市中銀行の当座預金に対して，一定額以上は逆に日銀に金利を支払わせるというものです。安倍政権の一連の経済政策（**アベノミクス**）で雇用の改善や株価上昇は見られましたが，それでも目標としてきた2％の物価上昇は2017年現在で果たせていません。

75 日本の財政事情

Financial Situations of Japan

「失われた20年」間のケインズ政策により国家財政は危機的状況に

❹で学んだように，バブルがはじけた後の「失われた20年」間に，政府による公共事業を中心とした積極財政政策が繰り返されましたが，結果として景気は一向に浮揚せず財政赤字を増やしただけでした。第1次石油危機後の1975年以来，政府の経常的な出費が税収を超えるために発行され続けてきた国の借金である**赤字国債**は，バブル期にこそ一時的にそこから脱却できていたものの，バブル崩壊後の1994年からは再度大量に発行されました。その結果

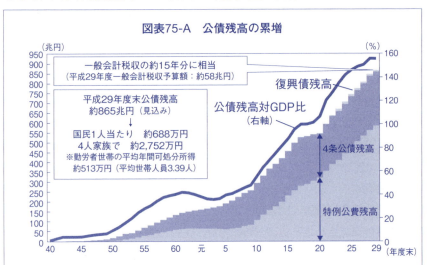

図表75-A　公債残高の累増

注1：国民1人当たりの公債残高は，平成29年の総人口（国立社会保障・人口問題研究所「日本の将来推計人口」（平成24年1月推計））で公債残高を除した数値。
注2：可処分所得，世帯人員は，総務省「平成27年家計調査年報」による。
資料：財務省

166

図表75-Aおよび図表75-Bにあるように、日本の国債発行総額は800兆円を突破しています。その額は対GDP比で見ても諸外国に比べて突出して多くなっています。政府はデフレ対策を優先したために、増税や公共事業の縮小に消極的で、結果として財政再建をスローガンに掲げても十分には達成されてきませんでした。日本の国債が海外の格付け会社から投資適格性に疑問符を投げかけられる事態にもなっています。

国債の**市中消化の原則**は法律で定められており、アベノミクスの下での事実上の国債の日銀引き受け（市中銀行にいったん買わせた国債を日銀が買い取る）は、かなりグレーな手法です。国債が国内で、特に日銀を含む金融機関によって大半が所持されていることが、国債価格の暴落を防いでいることは確かですが、財政赤字相当分を日銀がお札を刷って国に渡すようなこうしたやり方はマネーストックの増加、そしてインフレーションを招く危険性があります。金融緩和により景気が浮揚して税収が増えるだけでは、高齢化社会の下で増大する社会保障費を賄いきれず、毎年の国の予算は税収だけでは不足で、国の借金は簡単には減らないでしょう。しかし仮に今後インフレーションになって貨幣価値が下がれば、過去に蓄積した膨大な借金の負担はその分だけ軽くなるといえます。

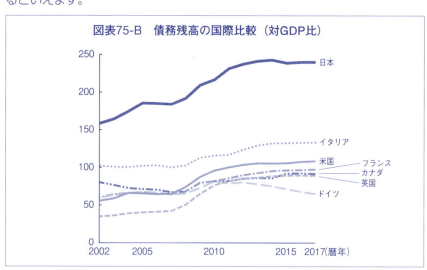

76 債券価格の決定

Bond Price

利子率が上昇（低下）すれば，債券価格は下落（上昇）する

　スイスのローザンヌで活躍した**ワルラス**は，一般均衡分析の祖とされていますが，その業績の１つが**ワルラスの法則**です。ワルラスによれば世界全体にn個の市場があり，そのうち$n-1$個の市場で均衡が成立しているならば，残りの１個の市場も均衡しているはずというのです。それはちょうどアップルパイを５人で分けようとした時，４人が取り分を決めると最後の１人の取り分は自動的に決まってしまうことと同じです。アップルパイに当たる世界全体の市場の均衡が前提としてあるならば，５人の取り分すなわちn個の市場はすべて独立ではないのです。

　さて，これまでずっと貨幣市場について学習してきました。❻❼でも述べたように，資産（ストック）市場は大きく貨幣市場と債券市場に分かれます。実はワルラスの法則により全資産市場での需要の過不足の和がゼロである，すなわち全体として均衡していることを考えれば，貨幣市場の超過需要は債券市場の超過供給と同額になります。どちらか一方の市場の分析をすれば，他方の市場はちょうどその逆になっているわけですから，それで十分であることがわかるでしょう。より分析がしやすい貨幣市場だけを考えてきたのはそのためです。

　ところで**債券価格と利子率**に関しては重要な法則があります。利子率が低い時には債券価格は高く，利子率が高い時には債券価格は低いのです。

　これは銀行に預金をして利子を得る資産運用と，国債を現在の市場価格で購入して配当（所有者に毎年支払われる金額）を得た後に額面価格（満期時に国債と交換で支払われる固定された金額）で売却する資産運用とが，無差別であることから導かれます。

もしどちらかの方法が他方より有利であれば，**裁定取引**が発生します。裁定取引とは価格差を利用した取引のことです。たとえば銀行の金利が低ければ，銀行から借金をして国債を購入し，満期後に利子とともに銀行に返金しても利益が出ますから，人々はそうした取引に殺到するでしょう。

　国債を購入しようとする需要は高まり，国債の現在価格は上昇して額面との差が縮まり，国債購入による利益は減少します。これはこの裁定取引による利益が消滅するまで続き，結果として上に述べた法則が成り立つことになります。

　利子率をr，国債の現在価格をp円，額面をq円，配当額をa円とした時，1年間p円の投資をするケースを考えると，銀行預金は1年後の利益がrp円，他方国債購入の利益は$(q-p)+a$円です。これが等しいわけですから，

$$p = \frac{q+a}{1+r} \qquad (76\text{-}1)$$

という関係が成り立ちます。ここから利子率が上昇（低下）すれば，債券価格が下落（上昇）する関係は容易にわかるでしょう。

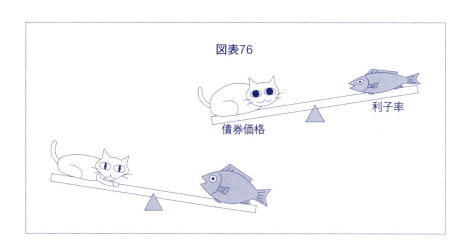

図表76

EXERCISE

1. ある国の市中金融機関において，準備率が0.2であるとします。本源的預金が10億円増加した時，銀行組織全体で新たに信用創造された預金総額はいくらになるでしょうか。

2. 国民が保有する現金通貨および預金通貨の額をそれぞれCおよびDとします。また銀行部門が所有する支払準備の総額をRとし，今$C/D=0.3$および$R/D=0.1$であるとします。そしてハイパワード・マネーの量が50兆円であるとします。次の各問に答えなさい。
　(1)　Dはいくらでしょうか。
　(2)　マネーストックはいくらでしょうか。

マクロ 4
IS-LM 分析

トービン
Tobin, James 1918〜2002
アメリカ・ケインジアンの第1人者で,「資産選択理論」と「q理論」,国際投資に関するトービン税で知られています。「q理論」とは企業そのものの市場価値と,企業が保有する資本の購入価値を比較するものです。前者を後者で割った値q大きいほど,この企業の株価から見た価値が資本の総額に対して大きいため,株式発行による資金調達が容易となって投資が促進されますから,投資はqの増加関数となります。

マンデル
Mundell, Robert A. 1932〜
ケインジアンの立場から開放マクロ経済学の発展に貢献しましたが,最大の貢献はマンデル＝フレミングの理論です。閉鎖経済のIS-LM分析を国際経済に拡張したもので,貿易,国際資本移動,為替レートの変動などが組み込まれます。

77 部分均衡分析と一般均衡分析
Partial Equilibrium Analysis and General Equilibrium Analysis

45度線分析は財市場の均衡GDPを求める部分均衡分析。IS-LM分析は財市場と貨幣市場の同時均衡を考え、均衡GDPと利子率を求める一般均衡分析

政府の公共支出や貨幣供給量などを，経済政策上の目標を実現するために操作した結果として，どのような経済的な効果が得られるかを分析する方法は2つのタイプがあります。

1つは**部分均衡分析**と呼ばれるものです。❷を思い出してください。ここで用いた分析は45度線分析と呼ばれます。デフレギャップが存在する時に，政府需要すなわち公共支出を増加させることで，完全雇用を達成する水準に均衡GDPを引き上げることができましたが，ここで考えているのは財市場すなわちフローの市場の均衡のみでした。もう1つの市場であるストックの市場に与える影響を考えることなく，「他の条件を一定として（つまりストック市場は均衡しているものと仮定して）」1つの市場の均衡にしぼって分析をする方法を部分均衡分析といいます。

これに対して**一般均衡分析**は，他の市場もすべて考慮した上で分析をするものです。上の例でいえば公共支出の増加がフローの市場だけでなくストックの市場に波及的な影響を与えたことを考慮し，2つの市場が同時に均衡に達した状態を分析します。

ところで，マクロ3で述べたようにストック市場は貨幣市場と債券市場と2つあると考えたわけですから，実のところ財市場を合わせて合計3つの市場の均衡を考える必要があります。しかし❻で紹介したワルラスの法則によれば，世界にある市場がn個の時，$n-1$個の市場が均衡しているならば，残りの1つの市場も均衡していることが知られています。これは例えればピザの大きさが決まっている下で，n人でそれを分ける時，$n-1$人がそれぞれ取り分を決

172

めると，自動的に最後のn番目の人の取り分が決まることと同じ理屈です。

　財市場と貨幣市場の同時均衡を，以下に詳しく述べる IS-LM 分析で行えば，債券市場の均衡はその時自動的に達成されているので，考える必要はないのです。

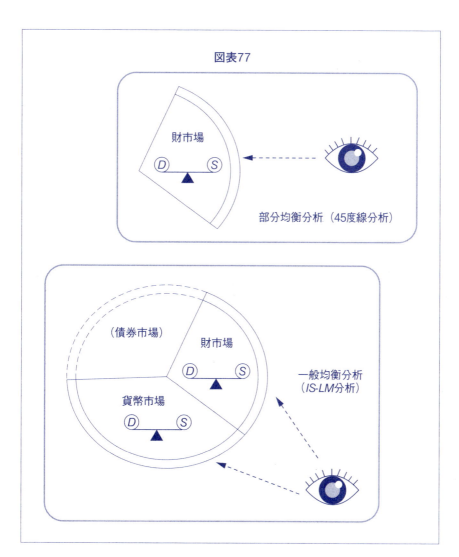

図表77

部分均衡分析（45度線分析）

一般均衡分析（IS-LM分析）

78 投資関数とIS曲線

Investment Function and *IS* Curve

投資は利子率の関数で$I=I(r)$, $r\uparrow\Rightarrow I\downarrow$。
*IS*曲線は財市場を均衡させるGNPと利子率の関係を示したもので，右下がり

　マクロ２では企業の投資需要IはGDPの水準にかかわらず一定と仮定してきましたが，現実的には企業投資は利子率に大きく左右されます。

　今ある企業が実行を考えているプロジェクトがAからEまであり，それぞれ100万円の投資が必要とします。各プロジェクトからは１年後に利益が得られ，期待収益率は10％，８％，７％，５％，２％であるとします。これはプロジェクトAには100万円の投資で10万円の利益が上がる反面，Eからは２万円しか利益が出ないことを意味します。

　企業は投資する際に銀行から資金を借りるとしましょう。銀行の金利が年３％であるとすれば，100万円を借りれば１年後に３万円の利子を加えて103万円返済する必要があります。この時，企業はプロジェクトAからDまでは実行し，合計400万円投資するでしょうが，プロジェクトEは実行しないでしょう。もし利子率が６％なら実行されるプロジェクトはAからCまでで投資額は300万円です。

　以上のことから一般に利子率が大きい（小さい）ほど企業の投資需要は小さく（大きく）なることがわかります。すなわち投資需要Iは利子率rの関数として

$$I=I(r), \quad r\uparrow\Rightarrow I\downarrow \tag{78-1}$$

と表せます。これを**投資関数**といいます。**図表78-A**はその関係をグラフに表したものです。

　マクロ２で用いた45度線モデルと投資関数を組み合わせて，財市場の需要と供給を均衡させる，利子率とGDPの関係を表す***IS*曲線**を導いてみましょう。

図表78-Bで総需要 $Y_D = C + I + G$ が l で与えられたとすれば，均衡GDPは Y^* でした。今利子率が当初に比べて下がったとすれば，投資関数から投資需要は増大し，総需要を表す l は上方にシフトして l_1 となります。均衡GDPの水準は Y_1 となりますから，当初の Y^* よりも大きな値となります。逆に当初より利子率が上がれば l は下方にシフトして l_2 となり，均衡GDPは Y_2 となり，当初よりも小さな値となります。

以上から利子率が大きく（小さく）なると均衡GDPは小さく（大きく）なる関係がわかりましたから，それをグラフに描いたのが**図表78-C**です。曲線を**IS曲線**といい，右下がりの形状をしています。

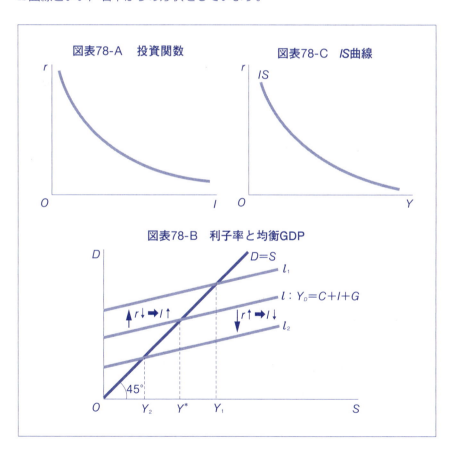

79 貨幣需要の動機とLM曲線

Motives for Holding Money and *LM* Curve

貨幣需要の動機は取引的動機，予備的動機，投機的動機の3つ。
LM曲線は貨幣市場を均衡させるGDPと利子率の関係を示し，右上がり

　LM曲線は貨幣市場での貨幣需要と貨幣供給を均衡させる，GDP＝Yと利子率rの水準を**図表79**のように表したものです。貨幣需要に関しては，貨幣の役割を思い出してほしいのですが，3つの理由から人は貨幣を需要します。

　第1はとにかく財布にお金がある程度入っている必要があること，つまり財やサービスを購入する際に貨幣が必要であることから需要する**取引的動機**に基づく需要が挙げられます。

　第2には将来の不意の出費に備えて貨幣を保有しておこうとするもので，これは**予備的動機**に基づく貨幣需要と呼ばれます。

　これら2つの貨幣需要に共通しているのは，GDPが増大すると大きな値をとる傾向にあるという点です。これら2つの貨幣需要を併せてL_1と呼び，それがGDPないし国民所得Yの正の関数であることから，

$$L_1 = L_1(Y), \quad Y\uparrow \Rightarrow L_1\uparrow \tag{79-1}$$

と表しましょう。

　第3の貨幣需要は資産の最適な運用上から貨幣を保有しようと需要するもので，**投機的動機**による需要と呼ばれています。資産を運用する際に，債券の価格が高い（安い）場合には，今購入するのは不利（有利）であるから，手元に貨幣を残して債券価格の下落を待つことが（手持ちの貨幣を注ぎ込んで債券を購入することが）最適となり，貨幣需要は大きく（小さく）なります。

　マクロ3で学習したように債券価格と利子率にはトレード・オフの関係がありましたから，利子率が小さい（大きい）時には，債券価格は高く（安く），

投機的動機に基づく貨幣需要 L_2 は大きく（小さく）なります。したがって

$$L_2 = L_2(r), \quad r\uparrow \Rightarrow L_2\downarrow \tag{79-2}$$

となります。

　貨幣供給すなわちマネーストックは，マクロ3で学習したようにハイパワード・マネーの量と貨幣乗数から決まりますが，これらはGDPの水準や利子率によって影響される値ではありませんから，マネーストック M は定数とみなせると考えられます。なお物価水準の変化は実質的にマネーストックの量が変化したことと同じ影響を与えることを考慮すれば，貨幣供給は物価水準 P の影響を考慮した**実質マネーストック** M/P を用いた方が適切といえますが，いずれにせよ貨幣供給が定数であることは同じです。

　貨幣需要と貨幣供給が等しいことから，

$$M/P = L_1(Y) + L_2(r) \tag{79-3}$$

が成り立ちますが，左辺は一定ですので，右辺を一定に保つにはGDPの水準 Y が大きい（小さい）と，L_1 が大きく（小さく），その分だけ L_2 が小さい（大きい）必要がありますが，それには r が大きい（小さい）ことが必要です。

　これをまとめれば貨幣市場の均衡条件である**LM曲線**は，図表79のように右上がりの形状をしていることがわかります。

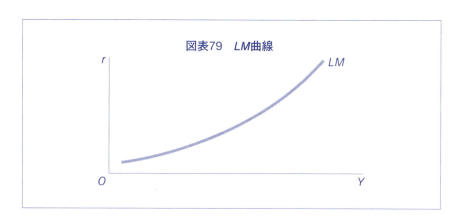

図表79　LM曲線

(80) *IS-LM*分析と流動性のワナ

IS-LM Analysis and Liquidity Trap

*IS*曲線と*LM*曲線の交点で均衡の利子率とGDPが決まる。
利子率が下がらず*LM*曲線が水平となることを流動性のワナという

財市場と貨幣市場を同時に均衡させる，利子率とGDPの組合せは，**図表80-A**の*IS*曲線と*LM*曲線の交点*E*で与えられる，r_EおよびY_Eとなります。

均衡点*E*の安定性について調べてみましょう。**図表80-B**で*IS*曲線の右側（左側）の*A*（*B*）点では，所与の利子率に対して，財市場を均衡させるような水準と比べてGDPが大きく（小さく）なっています。これは財の超過供給（超過需要）を意味します。供給過剰（不足）は在庫の増加（減少）を招きますから生産活動は抑制（刺激）され，GDPは矢印で示したように次第に小さくなる（大きくなる）と考えられます。

図表80-Cで*LM*曲線の右側（左側）の*C*（*D*）点では，所与の利子率に対して，貨幣市場を均衡させるような水準と比べてGDPが大きく（小さく）なっています。これは貨幣の取引需要L_1が大きすぎる（小さすぎる）ために，貨幣への超過需要（超過供給）が発生していることを意味します。貨幣が不足している（余っている）時には，貨幣の価格である利子率は引き上げられる（引き下げられる）ため，利子率*r*は矢印で示したように次第に大きくなる（小さくなる）と考えられます。

図表80-Bと**図表80-C**を同時に描いたのが**図表80-D**です。均衡点*E*が達成されていない場合にも，矢印の方向に進むことで均衡に向かって調整がなされることがわかります。したがって*IS-LM*分析の均衡は安定的といえます。

*LM*曲線が**図表80-E**のように水平の部分を持つケースも考えることがあります。これは**流動性のワナ**と呼ばれる現象の生じている場合に発生します。市場の利子率がr_0のように十分に低くなると，すべての人が現在の利子率は下限

に達していて，それゆえ債券価格が上限に達していると考えるようになります。この時誰も債券を購入しなくなり，貨幣需要L_2はr_0付近では非常に大きくなります。GDPの水準Yが下がり貨幣需要L_1が小さくなっても，それを十分にL_2が補うために，Y_0の左でグラフは限りなく水平になります。

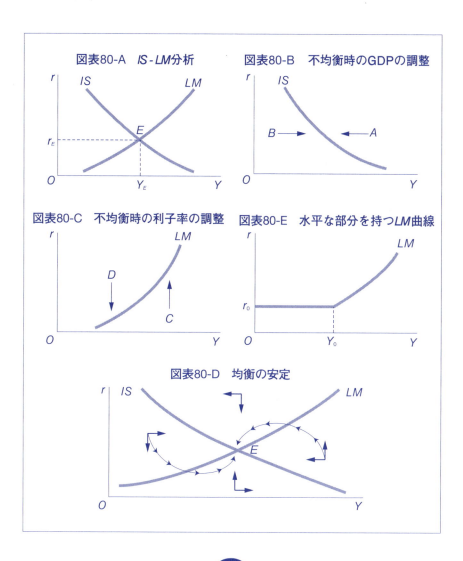

81 経済政策とクラウディング・アウト
Economic Policies and Crowding Out

均衡GDP水準の引き上げには$G\uparrow$の財政政策と$M\uparrow$の金融政策がある。前者では均衡利子率の上昇が民間投資を抑制するクラウディング・アウトが生じる

IS曲線は政府の公共支出（政府需要）Gを動かすことでシフトさせることができます。**図表78-B**のlが総需要$Y_D = C + I + G$を表していたことに留意すれば，Gを引き上げることでlをl_1にシフトさせ，均衡のGDPの値をY^*からY_1に引き上げることができます。この時のI値は変えていませんから，利子率rが一定の下でグラフのシフトが起こったことに注意してください。

以上を**図表81-A**に描けば，IS曲線は当初のグラフISからIS′に，右にシフトするように描くことができます。同じ利子率r^*に対応するGDPの水準がY^*からY_E^*に増大している点に注意してください。逆にGを引き下げれば，IS曲線は左にシフトします。

他方LM曲線はマネーストックMを操作することでシフトさせることができます。(79-3)式でMが増大すれば左辺が大きくなります。これに対して利子率rを変えないとすれば，L_2は一定のままですから，左辺が大きくなった分だけL_1が増大する必要があります。そのためにはGDPの水準Yが大きくなる必要があります。

以上をまとめると，**図表81-B**でLM曲線が当初のLMからLM′へと，右にシフトするように描くことができます。同じ利子率r^{**}に対応するGDPの水準がY^{**}からY_E^*に増大している点に注意してください。逆にMを引き下げれば，LM曲線は左にシフトします。

図表81-Aおよび**B**で，均衡GDPの水準がY_Eであるのに対して，完全雇用によって達成可能なGDPの水準がそれより大きいY_E^*であるとします。GDPを増大させるための経済政策として，政府の公共投資（政府需要）Gを動かす**財政**

政策と，マネーストックMを操作する**金融政策**が代表的なものとして考えられますので，その効果を調べてみましょう。

Gが増加すると，IS曲線は右方向にシフトしますから，均衡点は**図表81-A**でEからE^*に移ります。結果としてGDPの水準は増大し，目標だったY_E^*が達成できます。またこの時均衡利子率もr_Eからr_E^*へと上昇することになります。民間企業の投資Iは利子率が上昇すれば減少しますので，政府支出の増大が民間投資を引き下げる結果をもたらすことになります。これを**クラウディング・アウト効果**といいますが，この効果のために，貨幣市場での均衡も考慮すると，マクロ2の45度線モデルで考えた単純な政府支出乗数に基づくYの増加ほどには，実際にはGDPの水準は伸びないことになります。

金融を緩和しMが増加すると，LM曲線は右方向にシフトしますから，均衡点は**図表81-B**のEからE^{**}に移ります。結果としてGDPの水準は増大し，目標だったY_E^*が達成できます。またこの時均衡利子率はr_Eからr_E^{**}へと下落することになります。

ところで⑳ではLM曲線が水平な部分を持つケースを考えました。均衡点EかLM曲線の水平な部分にある場合に金融政策が効果を発揮できないことがあることを確かめてみてください。

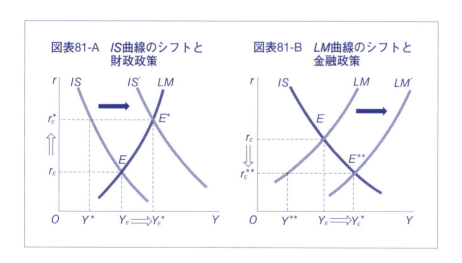

82 マンデル＝フレミング・モデル
——開放マクロ経済学 I

Open Macro Economics in Mundell-Fleming Model

> 国際部門を入れることで，IS曲線を決める総需要には海外からの需要が加わる。また国際収支均衡条件BP曲線が均衡を決める第3の条件式となる

　81で一国の経済における財政・金融政策の効果をIS-LM分析を用いて考察しましたが，外国との貿易や資本移動が存在する場合にはその結論はどのように修正されるのでしょうか。以下では**マンデル＝フレミング・モデル**を用いて考えてみましょう。

　海外部門の存在はLM曲線には影響しませんが，IS曲線には総需要の構成要素に海外からの需要が加わる影響が生じます。純輸出（X）すなわち，輸出（EX）－輸入（IM）が，海外からの需要〔Xが正（負）なら貿易が黒字（赤字）を意味する〕となりますから，IS曲線は

$$Y = C + I + G + X = C + I + G + EX - IM \qquad (82\text{-}1)$$

と書くことができます。

　ここで輸入には消費財の輸入も含まれますから，消費関数同様にGDPの大きさに相関して決まると考えられ，

$$IM = mY + n, \quad 0 < m < 1, \quad n > 0$$

と表されます。

　他方同様な理屈からいえば輸出は外国のGDPの関数とみなされますから，ここでは外国の経済は不変であると考えれば輸出は一定となりますので，

$$EX = \overline{EX}$$

です。

消費関数（61-1）式や投資関数（78-1）式も代入することで，(82-1) 式から

$$(1-c+m)Y = I(r) + G + C_0 + EX - n \qquad (82\text{-}2)$$

を結局得ることができます。これが**開放経済下の IS 曲線**です。

ところで海外部門を考える際には，財市場と貨幣市場の均衡に加えて，国際収支の均衡も必要となります。**国際収支の均衡条件 BP 曲線**は

$$BP = EX - IM + Q(r - r^*) \qquad (82\text{-}3)$$

と書くことができます。

国際収支は，貿易・サービス収支（所得収支と経常移転収支を考えなければ，これは経常収支と等しい）$X = EX - IM$ と，資本収支 Q の合計と考えることができます。ここで Q は自国の利子率 r と外国の利子率 r^* の差の増加関数です。利子率が大きい国をめざして投資家は資金を動かすでしょうから，r が r^* よりも大きい（小さい）時には，海外からの投資（海外への投資）が多く，資本収支 Q は黒字（赤字）となりますが，その絶対値は利子率の差が大きいほど大きくなると考えられるからです。

83 固定相場制―開放マクロ経済学 II

Open Macro Economics in Fixed Exchange Rates

固定相場制の下では資本移動が完全・不完全にかかわらず，
財政政策は有効だが金融政策は無効となる

83では，**固定相場制**のケースを考えます。

○**資本移動が完全なケース**

今 $r>r^*$ であるとします。この時もし資本移動が完全に自由ならば，外国の投資家は安価な自国債券の値上がりを期待して投資を行うため，資本の流入が生じますが，これは両国の利子率の差が異なる限り続くので，Q を限りなく大きく（黒字に）します。この時 X の値が仮に負（赤字）であってもこれを圧倒しますから，$BP>0$ となります。逆に $r<r^*$ ならば $BP<0$ となります。以上の関係は**図表83-A** および **B** に表されています。

さて**図表83-A** の E 点で当初均衡状態にあった国が Y の水準を引き上げようと財政政策を採用し，IS 曲線が右に移動して IS' になったとしましょう。国内均衡点は F に移りますが，F では国際収支は黒字です。大量の資本の流入がその原因ですが，この時外国為替市場では外国の投資家が外国の通貨（ドル）から自国の通貨（円）へと両替して（ドル売り円買い）自国の債券を購入しようとするでしょう。一方自国の通貨当局（日銀）は，固定相場制を維持するために外国為替市場に円売りドル買いで介入することになりますが，この時通貨供給量（マネーストック M）の引き上げが必要となります。よって LM 曲線は右に移動して LM' になって均衡は G となります。$Y^E>Y^G$ ですから財政政策は有効です。

これに対し，金融政策を採用して LM 曲線を右に動かして LM' とした場合には均衡点は**図表83-B** の H に移ります。ここでは資本の大量流出が生じ，自国の通貨（円）の売り圧力が高まるのに対応した，自国通貨当局の円買いドル売

りが実質通貨供給を縮小しますから，結局LM曲線は元に戻り均衡点はEに戻ります。したがって金融政策は無効です。

○ **資本移動が不完全なケース**

もし資本移動が不完全ならばたとえ$r>r^*$であってもQの上昇が無限に大きくはならないので，その分をXの下落で埋め合わせることが可能となります。r^*一定の下でのrの上昇はQを引き上げますが，この時国民所得Yが上昇していればIM（輸入）の上昇を招き，それが経常収支Xを下落させるため，結局$BP=0$を保つ(Y, r)の関係は，**図表83-C**のように右上がりとなります。

そしてこの場合も同様に金融政策が無効となる一方で，財政政策は有効であることを図を用いて説明できますので，確かめてください。

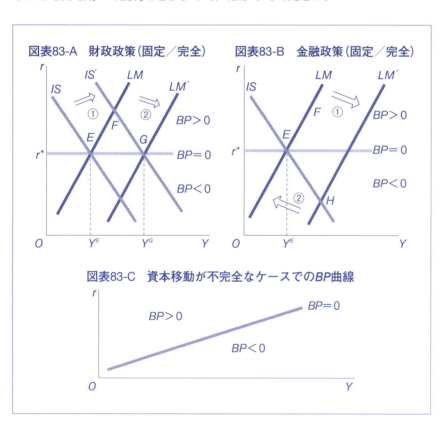

84 変動相場制(1)―開放マクロ経済学Ⅲ

Open Macro Economics in Flexible Exchange Rates

変動相場制の下では，資本移動が完全ならば金融政策は有効，財政政策は無効となる

もし**変動相場制**が採用されていたら，⑧の結論は次のように修正して考え直す必要があります。

はじめにIS曲線を構成する経常収支は為替相場の影響を受けます。今1ドル＝e円の円建ての相場を用いれば，eの上昇は円安を意味しますので，自国（日本）の経済を考えた場合，輸出の拡大と輸入の抑制からXの上昇をもたらします。逆にeの下落はXの下落をもたらします。したがってIS曲線は

$$(1-c)Y = I(r) + G + C_0 + X(Y, e),\ Y\uparrow \Rightarrow X\downarrow,\ e\uparrow \Rightarrow X\uparrow \quad (84\text{-}1)$$

と書きなおすことができます。

Xの下落は同じYの値でIS曲線が満たされる$I(r)$の値を引き上げます。すなわちこれはrの上昇を意味しますので，結局eの上昇（下落）はIS曲線を右（左）にシフトさせることになります。

一方LM曲線に関しては為替相場の変化が物価水準に影響せず，マネー・サプライも維持されると考えれば影響を受けないと考えられます。

○ **資本移動が完全なケース**

今回は国際収支が不均衡な場合には為替相場の変動がおこります。資本移動が完全であれ不完全であれ，固定相場制の時と同様に，利子率の高い方の国に資本が流入することは，その国の通貨への需要を引き上げることになります。したがってBP曲線の上方（下方）の，$r > (<) r^*$の場合にはeの下落（上昇）すなわち円高（円安）圧力がかかりますが，今度は固定相場制を維持する目的で通貨当局が介入する必要はないので，圧力がそのまま円高（円安）を生じさ

せます。

図表84-Aで当初E点で均衡状態にあったものの，GDPの水準を引き上げようと財政政策を採用し，IS曲線が右に移動してIS′になったとしましょう。国内均衡点はFに移りますが，ここでは資本の流入がeの下落を引き起こします。eが下落することはIS曲線を左にシフトさせるので，結局均衡は元のEに戻ってしまいます。よってこのケースでは財政政策は有効ではありません。

図表84-Bで逆に金融政策を採用して，LM曲線を右に動かしてLM′とした場合は均衡点はHに移ります。ここでは資本流失が生じてeを引き上げますから，IS曲線が右にシフトして均衡はGに移ります。結果としてYが上昇していますので，金融政策は有効といえます。

固定相場制では不均衡をマネーストックが調節されることで時間をかけて解消していましたが，変動相場制では為替相場がすばやく変化することで不均衡を解消するのです。

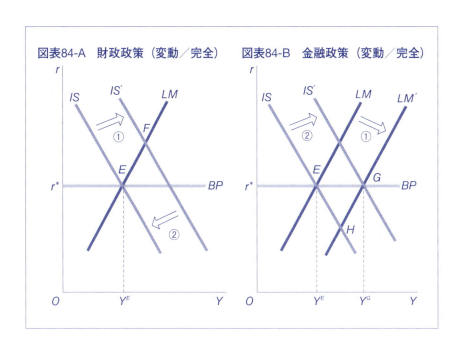

85 変動相場制(2)──開放マクロ経済学Ⅳ

Open Macro Economics in Flexible Exchange Rates

変動相場制で資本移動が不完全ならば，財政政策も金融政策も有効となる

○**資本移動が不完全なケース**

　BP曲線は形状が右上がりとなるのに加えて，資本移動が完全な時には不動であったのとは異なり，不完全な時にはeが下落（上昇）すると上方（下方）にシフトします。なぜならこの時経常収支が前より赤字（黒字）になりますから，それを埋め合わせるためにはそれだけ資本収支が前より黒字（赤字）である必要があるからです。これは同じYに対してrが下がる（上がる）ことによって達成されます。

　当初**図表85-A**のように均衡がEであって，Yを引き上げるために財政政策によってIS曲線を右にシフトさせIS′になったとします。この時国内均衡はFに移りますが，Fでは国際収支が黒字になってeが下落します。

　eの下落はIS曲線をIS′からIS″に，BP曲線をBP′にそれぞれシフトさせますから，結局均衡はG点となります。Yは上昇していますから財政政策は有効です。

　また**図表85-B**のように金融政策によってLM曲線をLM′に動かした場合には，国内均衡はH点に移ります。この時国際収支が赤字になってeが上昇し，IS曲線はIS′に，BP曲線はBP′にシフトして，結局均衡はJに移ります。Yは上昇していますから，金融政策も有効です。

　以上の結論をまとめて**図表85-C**に書いておきます。

　なお，ここでの図表はいずれもLM曲線の傾きがBP曲線のそれよりも大きく書いてありますが，逆の場合にも同じ結論が得られますので，確かめてみてください。

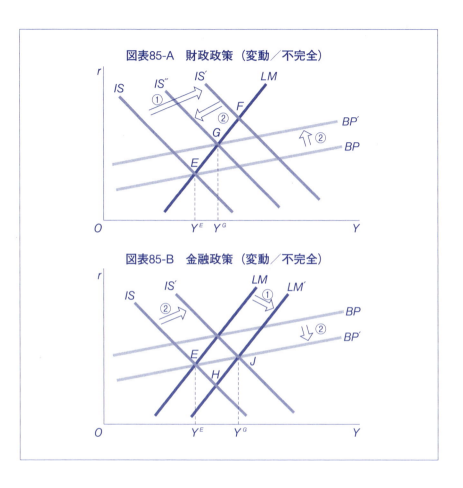

		財政政策	金融政策
固定相場制	資本移動　完全	○	×
	不完全	○	×
変動相場制	資本移動　完全	×	○
	不完全	○	○

86 アブソープション・アプローチ

Absorption Approach

経常収支＝GDP－内需
経常収支＝（貯蓄－投資）＋財政黒字

アブソープション・アプローチはアレキサンダーによって唱えられたもので，経常収支（または貿易収支）を輸出と輸入の差としてとらえるのではなく，GDP（これは国内総支出と考えるとわかりやすいでしょう）と，国内需要額（アブソープションすなわち国内市場で吸収した生産量＝**内需**）の差として考えようとするものです。

具体的に考えてみましょう。今民間総消費 $C＝70$，民間総投資 $I＝30$，GDPないし国民所得 $Y＝120$，輸出 $E＝25$ であるとしましょう。1年の生産活動で作り出された価値である国民所得のうちで輸出された価値を差し引いた残りは $120－25＝95$ ですから，これだけが国内にて消費（および投資）可能な価値の総額ということになります。一方国内での消費および投資額の合計は $70＋30＝100$ ですから，結局 $100－95＝5$ だけの価値相当の財の輸入 M が必要となります。こうして経常（貿易）収支は $E－M$ で $25－5＝20$ として求められます。

ところが $E－M＝E－[C+I-(Y-E)]＝Y-(C+I)$ と書き表せますので結局，

$$経常収支＝Y-(C+I) \qquad (86\text{-}1)$$

となってGDPと内需の差となります。

アブソープション・アプローチは国民全体の所得と支出という，マクロ経済全体の動きとして経常収支をとらえるもので，このアプローチによれば，仮にある国が為替レートを切り上げたり，輸出入を統制する政策を採用しても，そ

の国の所得と支出の差が望ましい方向に構造的に変化しない限り，経常収支の赤字または黒字は改善しないことになります。

経常収支はまた，国内総貯蓄と国内総投資の差であるともいえます。なぜならば $Y-(C+I)=(Y-C)-I$ であり，$Y-C$ は国民所得から総消費を引いた総貯蓄 S であることから，結局

$$経常収支 = S - I \tag{86-2}$$

でも書き表されるからです（この視点から経常収支をとらえる方法を IS バランス・アプローチといいます）。

さらに政府部門の存在をこれに加えてみましょう。社会的総支出は民間総支出 $C+I$ に加えて政府の支出 G を含むことになります。民間の総貯蓄 S は所得税を T とすれば，税引き後の可処分所得 $Y-T$ から総消費 C を引いた残りです。したがって

$$\begin{aligned}経常収支 &= Y-(C+I+G) \\ &= (Y-T)-C-I+(T-G) \\ &= (S-I)+(T-G)\end{aligned} \tag{86-3}$$

となって，経常収支は（貯蓄－投資）と財政黒字の和であることになります。

1980年代後半，日米貿易摩擦問題が深刻だった時期に，為替相場がいくら円高ドル安になってもアメリカの経常収支赤字が解消しない理由を，上の式をもとに説明することができます。

アメリカ側の消費過剰が貯蓄よりも投資が上回っていること（$S-I<0$），そして財政赤字（$T-G<0$）のために，(86-3) の右辺が負となりますから，アメリカの経常収支は為替相場の変動にかかわらず赤字となるのです。

EXERCISE

1. ある経済は次のモデルで描くことができるとします。次の各問に答えなさい。

 財市場均衡条件式：$Y = C + I + G$

 消費関数：$C = 0.6Y + 40$

 投資関数：$I = 120 - 2{,}000r$

 貨幣需要関数：$L = 10Y - 10{,}000r$

 実質マネーストック：$\dfrac{M}{p} = 2{,}000$兆円

 政府支出：$G = 40$兆円

 (1) IS曲線を求めなさい。
 (2) LM曲線を求めなさい。
 (3) 均衡GDPと均衡利子率を求めなさい。
 (4) 完全雇用のGDPの水準が300兆円である時，マネーストックをどれだけ増やせばそれが達成されると考えられるでしょうか。
 (5) 完全雇用のGDPの水準が300兆円である時，公共投資をどれだけ増やせばそれが達成されると考えられるでしょうか。

マクロ 5
総需要・総供給分析

サミュエルソン
Samuelson, Paul Anthony 1915〜2009

20世紀後半の経済学史上最大の巨人です。1947年の『経済分析の基礎』はミクロ経済学の金字塔的業績で彼に名声をもたらし、1948年の教科書『経済学―分析入門』は世界的なベストセラーとなって彼に富をもたらしました。1970年にノーベル経済学賞を受賞しています。1960年代前半に主張された「新古典派総合」は、不況期には有効需要理論に基づき完全雇用政策を、好況期には新古典派理論に基づき資源の最適配分を採用すべきという政策提言で、多くの論争を招きました。
その他彼に由来する業績は、顕示選好理論、ストルパー＝サミュエルソン定理、代替定理、動学的安定条件など経済理論全般にわたります。

クルーグマン
Krugman, Paul 1953〜

現代の国際マクロ経済学の第1人者です。特に名高いのはデフレおよび流動性のワナに関する研究で、そこからの脱却は金融政策とりわけインフレ的政策（調整インフレ）が必要と論じ、ケインズとは正反対の主張を展開したことです。また国際経済学と空間地理学を融合させて新しい貿易論を展開し、2008年のノーベル経済学賞を受賞しています。

87 総需要曲線

Aggregate Demand Curve

総需要曲線は IS-LM 分析から導かれる，
GDP と物価水準の関係を示す曲線で，右下がり

　マクロ4では，財市場と貨幣市場の2つの市場から，均衡のGDPと利子率が同時に決定されるIS-LM分析を学習しましたが，そこでは物価水準は一定と仮定されていました。それでは物価水準はどのように決定されるのでしょうか。そのことを調べるためには，マクロ経済モデルをさらに広げて考える必要があります。

　均衡GDPの決定を産出量に対する需給均衡という視点から見る時，実は財市場と貨幣市場は，その需要サイドに主として関連しているのです。ミクロ経済学の基礎でも学ぶとおり，需要量と供給量は一般に価格の関数ですが，それと同じようにIS-LM分析で決まるGDPや利子率も物価水準の関数です。

　今物価水準がP_0からP_1に上昇したとします。その結果，実質貨幣供給はM/P_0からM/P_1に減少し，図表87-AのLM曲線がLM_0からLM_1へと左にシフトします。するとIS曲線との交点から決まる均衡GDPはY_0からY_1へと減少します。

　図表87-Bは以上のIS-LM分析で得られた物価とGDPの関係をグラフに示したものです。このようにして得られる曲線を**総需要曲線（AD曲線）**といい，一般に右下がりとなります。

　図表87-Cは，財政政策を発動して，IS曲線が右にシフトしてIS'となったケースを描いています。物価水準P_0およびP_1に対応するGNPの水準がこれによって，それぞれY_0からY_0'，Y_1からY_1'に増加します。この関係をグラフに表せば結局財政政策の発動はAD曲線をAD'へと右にシフトさせることがわかります。

同様にして**図表87-D**では金融政策によるマネーストックの増加も*AD*曲線を右にシフトさせることを確認できます。

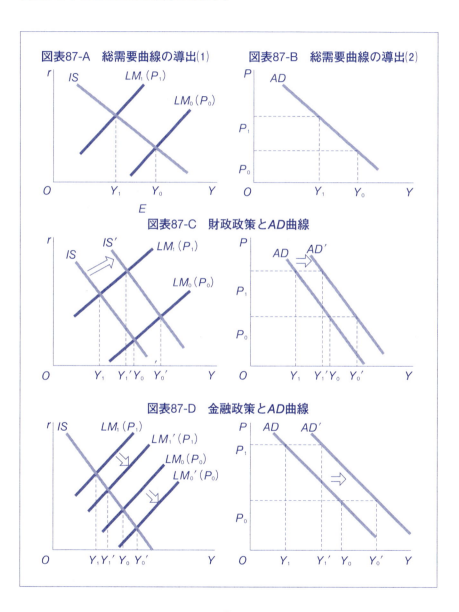

図表87-A　総需要曲線の導出(1)

図表87-B　総需要曲線の導出(2)

図表87-C　財政政策と*AD*曲線

図表87-D　金融政策と*AD*曲線

88 労働需要

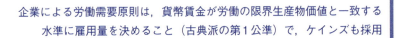

企業による労働需要原則は，貨幣賃金が労働の限界生産物価値と一致する水準に雇用量を決めること（古典派の第1公準）で，ケインズも採用

　均衡GDPの決定を産出量に対する需給均衡という視点から見る時，その供給サイドに関連しているのが労働市場です。そこで労働市場の需要と供給はどのようなルールに基づいて決まっているのかを考えてみましょう。

　労働者を追加的に1人雇用することでかかってくる費用または支出は，彼に支払う必要が出てくる賃金（貨幣賃金あるいは名目賃金）の額に等しくなります。他方でその1人の労働者を追加的に投入することで増やすことができる生産物の量を**労働の限界生産物**といい，以下ではMP_Lで表します。この生産物を市場で売却することで企業が得られる収入は，財の1単位当たりの価格をPとすると，$P \cdot MP_L$となります。

　以上から，企業にとってもし$W > P \cdot MP_L$ならば，労働者を雇用する支出の方が収入よりも大きいわけですから，雇用量を減らすことで企業の利潤を高める余地があることになります。逆に$W < P \cdot MP_L$ならば，労働者を雇用する収入の方が支出よりも大きいわけですから，雇用量を増やすことで企業の利潤を高める余地があることになります。企業が利潤を最大にしようとするならば，$W = P \cdot MP_L$が満たされて，利潤を高める余地がない状態となっていなくてはなりません。

　ところで，一般に他の条件を一定にしたままで，生産に投入される労働量Lと生産量Yの関係をグラフに表すと**図表88-A**のようになります。

　土地や資本など他の生産要素の量が一定ですから，最初の1単位の労働投入は生産をゼロから立ち上げることになります。投入労働量が少ないケースでは，他の要素に対して労働が相対的に希少なために，1人の労働者が新しく生産に

加わることでの生産量の伸び（すなわち限界生産物MP_L）は大きくなります。しかし投入労働量が次第に増えてくると，むしろ他の生産要素に対して労働が過剰気味と成り，限界生産物はさほど伸びなくなります。これを**限界生産力逓減の法則**といいます。

同一財を生産する企業が十分多く存在し，財の価格Pおよび賃金Wは１つの企業の生産量にかかわらず一定とすれば，**図表88-B**のようにして１つの企業が需要する労働量が決定します。

$W = P \cdot MP_L$**(貨幣賃金＝労働の限界生産物価値)**は，書きかえれば$W/P = MP_L$**(実質賃金＝労働の限界生産物)**となります。この条件を満たす水準に労働需要が決まるとする考え方は，ケインズによって**古典派の第１公準**と呼ばれました。ケインズ自身もこの考え方をみずからの理論体系に取り入れています。

実質賃金W/Pを縦軸に，労働量Lを横軸にとって，労働需要曲線L_Dを描いてみると，**図表88-C**のように右下がりとなります。投入労働量Lが大きくなると，労働の限界生産物MP_Lが減少しますが，これはW/Pが減少することを意味するからです。

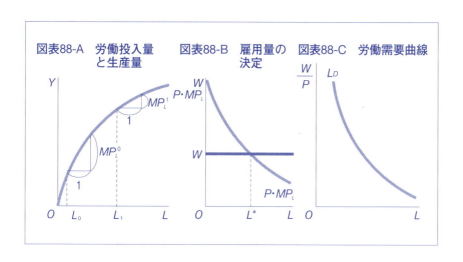

89 労働供給（古典派）

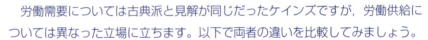

古典派は，労働供給が実質賃金の増加関数であるとした

労働需要については古典派と見解が同じだったケインズですが，労働供給については異なった立場に立ちます。以下で両者の違いを比較してみましょう。

ケインズが**古典派の第2公準**と名づけたものは，「労働供給は実質賃金が労働の限界負効用に等しいところで決定される」というものです。これは労働者が労働と余暇との選択において，効用最大化を行う過程で成立する原理といえます。

古典派は**図表89-A**のように，余暇を犠牲にして労働を提供すると，提供する労働時間が増えるに従って，労働者の効用水準は逓増的に減少すると考えます。労働時間を1時間増やすことで減少する効用の大きさと，1時間当たりの賃金とを比較し，前者が後者より小さい（大きい）時には，労働時間を増やす（減らす）ことで，効用水準を引き上げる余地があると考えられます。効用最大化は前者と後者が一致する，すなわち古典派の第2公準が成り立っているところで達成されるのです。

古典派の世界で決まる労働供給曲線L_Sは，**図表89-B**のように右上がりとなります。実質賃金水準W/Pが高い時には，労働者は余暇を犠牲にして労働供給を増やしますから，労働供給量Lは増加するからです。

古典派の世界での労働市場では，**図表89-C**のように労働需要曲線L_Dと労働供給曲線L_Sの交点で均衡労働量が決まりますが，労働の需要と供給が一致しているわけですから，ここでは完全雇用が実現していることになります（その賃金水準で働きたいと思う労働者がすべて雇用されていますから）。仮に何らかの事情で均衡から外れた場合にも，価格メカニズム（実質賃金の変化）が即

座に不均衡を解消するので，均衡は安定的といえます。これはミクロ経済学で学ぶ財市場の需給均衡の場合と同じです。

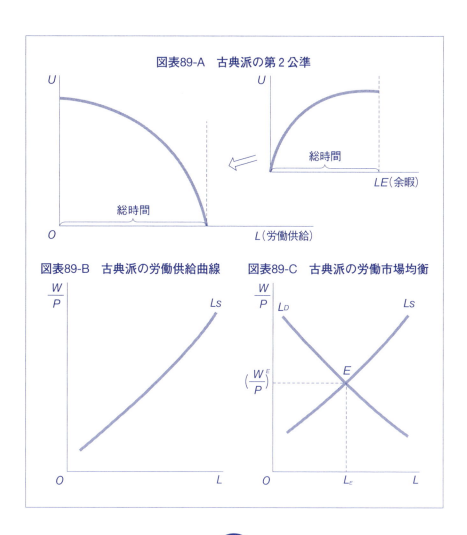

⑨⓪ 労働供給（ケインズ）

Labor Supply — Keynes

ケインズは労働供給が名目賃金にのみ依存すること，
賃金には下方硬直性があることを重要視した

　ケインズは古典派の労働供給についての見解に対して2つの点から反駁を加えています。

　第1は，労働供給が実質賃金W/Pではなく貨幣賃金（名目賃金）Wにのみ依存するというものです。労働者が余暇と労働を秤にかける際に，物価水準は考慮されないと考える方が自然であるというわけです。

　第2は，賃金のカットには雇用されている労働者のさまざまな抵抗が存在するため，賃金の下方硬直性があるという点です。労働供給曲線L_sは**図表90-A**のような折れ線になり，賃金水準はW_0よりも下には下がらないことになります。ここで縦軸には，**図表89-B**の古典派の場合の実質賃金水準W/Pではなく，貨幣賃金Wがとられていることにも注意してください。

　労働市場についてもケインズは古典派とは異なった考え方をとります。ケインズの考えでは**図表90-B**のようなケースでは，L_0L_1だけの**非自発的失業**が存在することになります。非自発的失業とは労働者本人に就労する意思があるにもかかわらず失業していることを指し，低賃金を理由に就労する意思がない**自発的失業**や，職探しのための一時的な**摩擦的失業**とは根本的に異なる，問題視すべき失業といえます。ここでは労働の需給のアンバランスが，賃金の下方硬直性のために価格の変化による調整を受けない結果，労働市場のみでは失業が解消されないのです。

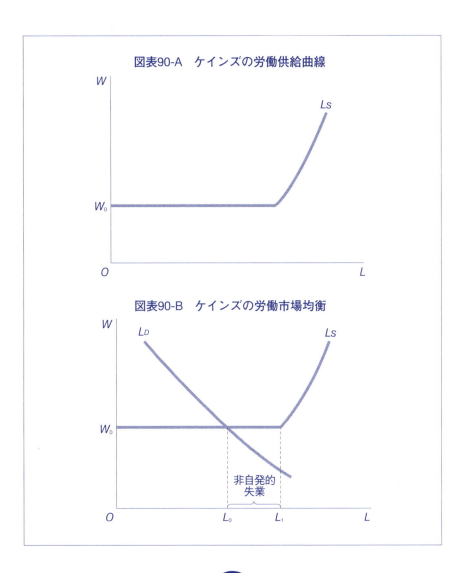

図表90-A　ケインズの労働供給曲線

図表90-B　ケインズの労働市場均衡

91 総供給曲線

Aggregate Supply Curve

古典派の総供給曲線は垂直，ケインズの総供給曲線は右上がり

古典派の場合は⑨で見ましたように，労働需要と労働供給はともに実質賃金に依存して変化すると考えられていました。いいかえれば他の条件が変わらない限り，たとえ物価水準 P が変動したとしても，それと同じ比率で名目賃金 W も上昇して，結果的に実質賃金 W/P は同じに保たれると考えられますから，雇用量も変化せず，その雇用量を投入して得られる生産量，すなわち GDP（$=Y$）も変化しません。P の変化に対して Y が変化しない関係は，**図表91-A**のように垂直なグラフとなります。

これに対してケインズのモデルでは，労働供給は貨幣（名目）賃金 W に依存しますから，物価水準 P の影響を受けません。一方で，労働需要は実質賃金 W/P に依存しますから，P が下落すると，第1公準を満たすためには労働者の雇用を引き下げなければならなくなります。すなわち，物価水準 P_0 と P_1（$P_0 < P_1$）に対応する労働需要曲線は**図表91-B**のようになって，前者が後者の左に常に位置することになります。労働需要と労働供給の均衡から決まる，物価水準と GDP の間の**総供給曲線（AS）曲線**は，$P\uparrow \Rightarrow L_S\uparrow \Rightarrow Y\uparrow$ ですから**図表91-C**のように，右上がりとなります。

物価水準は総需要曲線と総供給曲線の交点で決定されます。**図表91-D**で決まる古典派の場合には，完全雇用 GDP（$=Y_F$）が成立した均衡であるのに対して，**図表91-E**で求められるケインズの場合には，非自発的失業を含む可能性がある均衡となることに注意しましょう。

図表91-A 古典派の総供給曲線

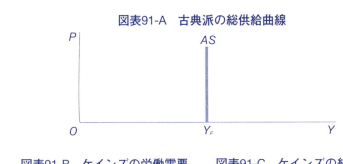

図表91-B ケインズの労働需要・供給曲線

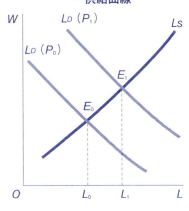

図表91-C ケインズの総供給曲線

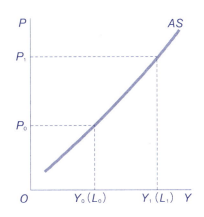

図表91-D 古典派の物価水準の決定

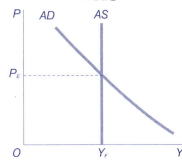

図表91-E ケインズの物価水準の決定

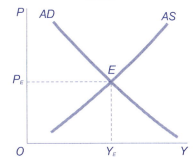

92 フィリップス曲線

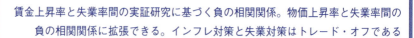

賃金上昇率と失業率間の実証研究に基づく負の相関関係。物価上昇率と失業率間の負の相関関係に拡張できる。インフレ対策と失業対策はトレード・オフである

　これまでのパートで，財政政策や金融政策は完全雇用GDP水準の達成を目標として実行されてきました。それ以外に経済政策上どのような克服すべき課題があるのでしょうか。

　失業とりわけ非自発的失業を減らして完全雇用に近づけ，GDPを拡大することはもちろん重要な政策課題ですが，他方で物価の上昇すなわち**インフレーション**の克服も，それに劣らぬ重要な政策目標です。物価が上昇すれば，貯金など将来に備えて蓄えてきた資産の価値が目減りする一方で，借金をしている人は返済額が実質的に減ることになり利益を得ます。こうした社会的な不平等は正当化できるものではありませんから，インフレーションを抑える経済政策は不可欠です。

　ところが失業対策とインフレ対策は両立が困難なのです。たとえば不況で失業率が高い時，景気刺激政策として財政支出の増大や金融緩和が行われたとします。これらは需要を刺激しますから，どうしても物価水準は上昇していくことになるのです。逆にインフレを抑制するために，需要抑制政策として財政支出の縮小や金融引締めを行えば，景気が悪化して失業率が上がってしまいます。インフレと失業はトレード・オフ（背反）の関係にあるのです。

　このことを示唆するきっかけとなったのが，1950年代にイギリスの経済学者フィリップスによる実証研究でした。過去100年のイギリス経済統計を調査することで，賃金上昇率と失業率との間に**図表92-A**のような負の相関関係を導いたのです。これが**オリジナルのフィリップス曲線**です。

　ところで財を生産するのにかかる費用と，その財の価格とには密接なつなが

りがあります。労働生産性が変わらないならば，賃金が10%上昇した場合，企業はこれまでと同じ利潤を確保するには財の販売価格を10%引き上げるでしょう。こう考えれば**図表92-B**のように，物価上昇率すなわちインフレ率と失業率との間にも同様なトレード・オフの関係が描かれることになります。これを**物価版のフィリップス曲線**といいます。

　ケインズの流れをくむ経済学者たち（ケインジアン）は物価版のフィリップス曲線を用いて，インフレと失業のバランスが最適となるように経済運営ができると考えました。フィリップス曲線は裁量的な財政・金融政策の採用の理論的な根拠となったのです。

92 フィリップス曲線 Phillips Curve

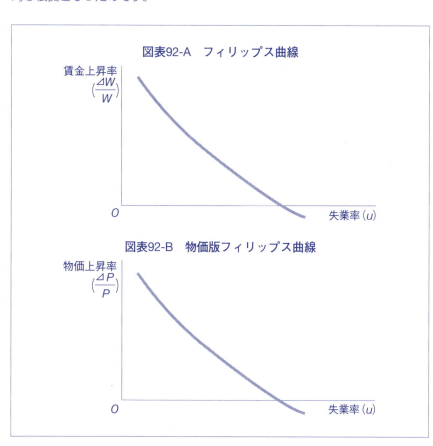

図表92-A　フィリップス曲線

図表92-B　物価版フィリップス曲線

93 自然失業率仮説

Natural Rate of Employment Hypothesis

新古典派のフリードマンはインフレが
長期的には失業率の低下につながらないとした

　新古典派の一学派である**マネタリスト**（裁量的な経済政策の有効性を疑問視し，固定的な貨幣供給ルールの採用を提唱するグループ）の代表**フリードマン**は，物価版フィリップス曲線の有効性に疑問を投げかけ，失業とインフレの最適バランスを追求するケインジアン的な政策を否定しました。

　インフレが発生した場合に，企業に比べて労働者がそれに気がつくのは一般に遅いと考えられます。

　企業は他の企業との競争が行われているために，物価の上昇に対応して，比較的すみやかに，同じ上昇率を限度に貨幣（名目）賃金を引き上げることになるでしょう。物価の上昇で生じた余分な利潤の分は，参入や競争によって縮小してしまうからです。

　これに対して労働者は，名目賃金が上昇しただけで，実質賃金は以前と同じであるにもかかわらず，実際に賃金が上昇したと錯覚し，低賃金を嫌って自発的に失業していたものが就労し始めます。

　こうしていったんはインフレが進んだ結果失業率が低下する結果が得られます。これは**図表93**のA点からB点へのシフトによって表されます。

　しかし労働者はやがて実質賃金が不変であることを悟るようになり，賃金が上がったと勘違いしていた人が再び離職しますから，失業率は再び以前の水準に戻ってしまいます。これはB点からC点へのシフトとして表されます。

　A点とC点を比べると，結局以前よりも物価水準だけが上昇し，失業率は変わらないことになります。インフレと失業（不況）が同時発生しているとも見ることができるC点のような経済状況は，**スタグフレーション**と呼ばれ，第1

次石油危機後の1970年代には世界各地で見られました。

結局いわゆるフィリップス曲線（A点からB点を結ぶ右下がりの曲線）は，労働者の貨幣価値の誤解（貨幣錯誤）に基づく短期的なもので，A点およびC点を通る失業率u_0が長期的には保たれることになります。すなわち，長期的にはフィリップス曲線はu_0を通る垂直な直線となります。この失業率をフリードマンは**自然失業率**と呼びました。

ここでの失業者は，実質賃金の目減りに気がついて離職することからもわかるように，自発的失業者（＋摩擦的失業者）です。フリードマンがケインズ的な労働市場ではなく，古典派ないし新古典派の労働市場を前提にしていることがわかります。

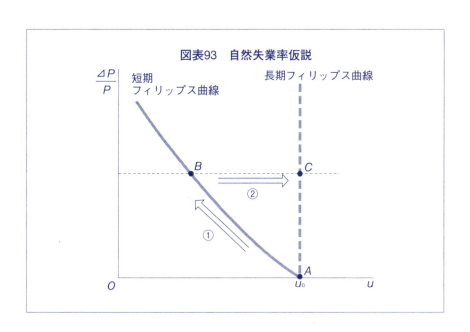

図表93　自然失業率仮説

EXERCISE

1. マクロの経済体系および労働供給量の関数が以下のように与えられています。今，実質賃金が $W/P=2$ で硬直している場合，失業率はどれだけでしょうか。

　　　$Y = 9L^{\frac{2}{3}}$

　　　$L_S = 15(W/P)$

ただし，Y：GDP，L：労働投入量，L_S：労働供給量とします。

2. ある経済は次のモデルで描くことができるとします。総需要曲線を求めなさい。

　　　財市場均衡条件式：$Y = C + I + G$
　　　消費関数：$C = 0.6Y + 40$
　　　投資関数：$I = 120 - 2,000r$
　　　貨幣需要関数：$L = 10Y - 10,000r$
　　　実質マネーストック：$M/P = 2,000$ 兆円
　　　政府支出：$G = 40$ 兆円

マクロ ⑥
景気循環と経済成長

マルサス
Malthus, Thomas Robert 1776～1834

リカードと並ぶ19世紀初頭のイギリス古典派経済学者で，主著は『人口論』(1798)と『経済学原理』(1820)の2つです。前者では人口が1，2，4，8……と幾何級数的に増加するのに対して，食糧生産は1，2，3，4，……と算術級数的にしか増加しないこと，貧民救済は人口増で帳消しとなるばかりか怠惰と悪徳の原因となるとして，理想社会の実現に否定的な姿勢を示しました。

リカードとの間になされた経済学上の諸論争は有名です。マルサスは安価な外国産の穀物の流入を規制していた穀物法の存続を唱えました。これは穀物価格が高価に維持されれば食糧生産や農業労働者所得も高水準となり，非常時にも国内食糧自給が保たれて望ましいことを理由としています。また，価値論については支配労働価値説，地代については移転地代説を唱え，それぞれ反穀物法，投下労働価値説，差額地代説を唱えたリカードと論争しました。

シュンペーター
Schumpeter, Joseph Alois 1883～1950

とりわけ現代の成長・発展分析に功績を残した20世紀前半のオーストリアの経済学者です。「企業者」，「革新（イノベーション）」，「信用創造」の概念を用いて資本主義経済の「創造的破壊」の過程を分析し，また景気循環の実証分析からキチン循環，ジュグラー循環，コンドラチェフ循環を発見しました。歴史社会学的な研究としては，資本主義がその成功のゆえに滅んでいくとする独特の資本主義論を展開しました。

94 景気循環の局面

Phase of Business Cycle

シュンペーターによる４つの局面とは，好況，後退，不況，回復

　現代の産業国家では，ある時には生産や消費などの経済活動が全般にわたって活発であったり，またある時にはそれが沈滞していたりします。前者の時期を好況または好景気といい，後者の時期を不況または不景気といいます。好況と不況が交代することを景気循環といいます。

　景気循環をシュンペーターは**図表94**の４つの局面からなると捉えました。景気の谷から山までを拡張期とし，それをさらに落ち込んだ景気が回復する前半の**回復**過程と，回復した経済がさらに活況を呈していく後半の**好況**と２つの局面に分けています。

　山から谷までの後退期も同様にして，依然として経済状態は悪くないものの活発だった経済に陰りが見え始める前半の**後退**局面と，経済状態が悪化してさらに落ちこんで行く**不況**の２局面を考えています。いわゆる**恐慌**とは急激な景気の後退のことです。

　景気循環はこの４つの局面を交互に繰り返しますから，１回の４局面の交代（谷から山を経て再び谷まで）を１単位として**周期**と呼んでいます。

　好況時には家計の消費も企業の投資も活発です。高い消費需要に支えられて財の価格は上昇傾向にあります（インフレーション）。企業の生産要素への需要も大きく，賃金や資本レンタル（金利）の水準も大きくなります。しかし企業の参入や生産拡大がやがては過剰生産をもたらし，意図していた以上の在庫を企業にもたらすようになると，企業は生産を縮小する方向に転じ，景気は後退局面に入ります。景気が頭打ちになる理由としては，その他に外貨不足（生産の拡大が輸入原材料の需要増を引き起こして，これが国際収支の悪化を招く

ケースで，日本の高度成長の初期にも見られました）や利用可能資源の限界を考えることもできます。企業活動の縮小は雇用の低下をもたらし，家計の消費もその結果抑制されます。

　企業は生産した財が売れなくなるのでますます投資を減らし，余剰労働者を解雇します。こうして経済は深刻な不況に陥ることになり，低調な消費のため財価格は下落傾向で（デフレーション），賃金や金利の水準も低くなります。やがて不況が一段落すると，安価になった労働や資本を用いて再び生産を拡大する企業が出始めると雇用が創出され，消費活動も上向き，経済は回復してゆきます。

　巻末の付表2では戦後日本の景気循環を示しています。大きな好況には「神武景気」（1954.11～1957.6），「岩戸景気」（1958.6～1961.12），「オリンピック景気」（1962.10～1964.10），「いざなぎ景気」（1965.10～1970.7），「バブル景気」（1986.11～1991.4）などの名前が付けられています。

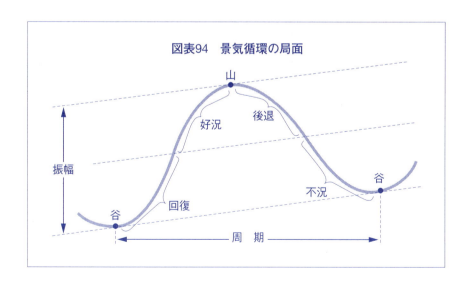

図表94　景気循環の局面

景気循環の類型

Pattern of Business Cycle

周期によってキチン循環，ジュグラー循環，クズネッツ循環，コンドラチェフ循環がある

実証的な研究によって，景気はさまざまな理由からさまざまな周期を持った循環が組み合わさって変動していることがわかってきました。主要な4つの循環（波）を紹介しましょう。

① キチン循環

これはキチンとクラムが，アメリカとイギリスの1890～1920年代のデータを用いて発見した循環で，在庫量の過不足を調整する在庫投資によって引き起こされる在庫循環であると考えられています。次に述べるジュグラー循環に対して，小循環とか短期波動とも呼ばれます。

② ジュグラー循環

これはジュグラーが1860年代に，景気循環の波としては最初に発見された代表的なもので，主循環あるいは中期波動とも呼ばれます。平均ほぼ10年の周期で，民間設備投資の調整過程が原因で生じると考えられていますから，設備投資循環とも呼ばれます。

③ クズネッツ循環

これはクズネッツやワードウェルによって，GNPの年変化率を手がかりに1920～30年代に発見された，約20年周期の波をいいます。変動の原因は建物の更新による建築投資の増減によると考えられています。

④ コンドラチェフ循環

　これはロシアの経済学者コンドラチェフがイギリス，アメリカ，フランスの3国のデータを分析して発見したもので，平均54～60年もかかる長期波動です。第1の波は1780年代から1840年代まで，第2の波はそれに続いて1890年代まで，第3の波はそれに続いて1920年代まで続いたとされています。この循環の理由としては，シュンペーターが指摘したイノベーション（技術革新）説が有力です。

　それによれば第1循環の原因は紡績機械を中心とする産業革命であり，第2循環は蒸気と鉄鋼の時代として，第3循環は電気，化学，自動車工業の分野での新技術の導入と普及を原因として生じたと説明できます。

　ただし現実の経済指標が示す値は，以上の代表的な循環が**図表95**で示したように重複して現れてくることに加えて，戦争などの外的ショックや政府の財政・金融政策などが攪乱要因となるため，きわめて複雑で不規則な形となることはいうまでもないことです。

図表95　景気循環の重複

96 投資の二重効果

Dual Character of Investment

投資の二重効果とは，生産力効果と需要創出効果をいう。ケインズは後者のみを考えたが，両方考慮した成長分析を行ったのがハロッド＝ドーマーである

ケインズ経済学の特徴の1つは，短期分析ないし静学分析であることです。投資の増加は財市場での総需要を拡大することは考慮されていましたが（これを投資の**需要創出効果**といいます），一方で投資増加資本ストックを増加させ供給能力を引き上げること（これを投資の**生産力効果**といい，2つの効果を合わせて**投資の二重効果**と呼びます）については，考えられていませんでした。

長期的視点に立って経済を分析する長期分析ないし動学分析である経済成長論では，投資の生産力効果に加えて，労働人口の変動や技術進歩の果たす役割なども考慮に入れられます。以下ではハロッド＝ドーマーの経済成長理論と，新古典派の経済成長理論を学習します。

1財2要素のモデルで，貨幣や海外取引，政府活動もない経済を考えます。ここで以下の仮定をおきます。

① 貯蓄 S は GDP Y_d の一定比率である，すなわち貯蓄性向 s は定数で，

$$S = sY_d \tag{96-1}$$

を満たす。

② 労働 N は，外生的に与えられる一定比率 n で成長する。すなわち

$$\Delta N / N = n \tag{96-2}$$

を満たす。

③ 生産は**固定係数型（レオンチェフ型）**生産関数で行われる。

②でΔNはある期間内の労働の増加量ですから，$\Delta N / N$は全労働量に対する増加分を表します。たとえば毎年 5%の人口増加ならば，ある年の人口Nが100万人の時，ΔNは 5 万人ですし，次の年は人口が105万人ですから，ΔNは105万人の 5%で5.25万人です。こうして成長率が一定を保ちながら人口が増えてゆく経済を考えるということです。

③は 1 単位の財の生産に必要な資本と労働の量（これを投入係数といいます）は一定で，資本と労働の代替性がない生産関数を仮定するということです。一方だけの要素の投入量を増加させても生産量は増加しませんから，等産出量曲線は**図表96**のようにL字型となります。

これに対して，(99)以下で学ぶ新古典派の成長理論では，資本と労働の代替を考えます。同じ 1 単位の財を生産する場合でも，労働を多く用いて資本を節約したり（労働集約的生産），逆に資本を多く用いて労働を節約したりする（資本集約的生産）など，生産方法を変化させることができる，より現実的なモデルを採用しています。

図表96　ハロッド＝ドーマー・モデルの等産出量曲線

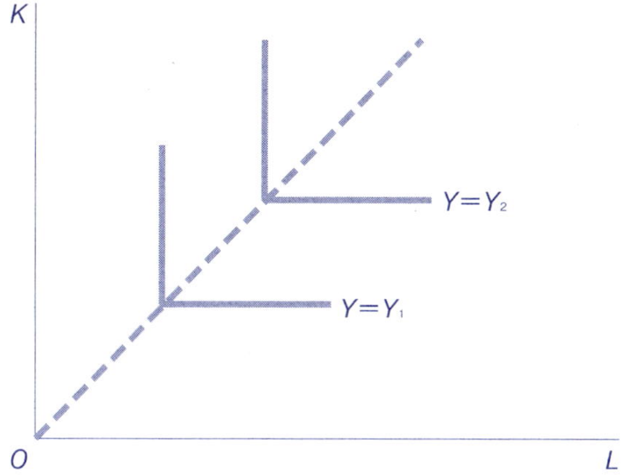

97 加速度原理

Accelerator Principle

資本ストックとGDPの間の比が一定であると考えれば，投資の生産力効果から，投資が増えつづけるためにはGDPの上昇は加速度的である必要がある

96の③の仮定の下では，経済全体の供給能力 Y_s と資本ストック K との間には，

$$K = vY_s \qquad (97\text{-}1)$$

という関係が成立します。ここで v は資本係数または加速度係数と呼ばれ，定数です。資本量の微小な変化が与える供給能力の変化を式で表せば，v は定数ですから，

$$\Delta K = v \Delta Y_s \qquad (97\text{-}2)$$

となります。

資本ストックの減耗がないものと考えれば，資本ストックは毎期の投資量だけ増加するので，

$$I = \Delta K \qquad (97\text{-}3)$$

が成り立ちます。そして（97-2）式，（97-3）式から

$$I = v \Delta Y_s \quad \text{または} \quad \Delta Y_s = (1/v) I \qquad (97\text{-}4)$$

が得られます。投資が I だけ行われると，その経済の潜在能力が $1/v$ だけ増加することを示しており，投資の生産力効果を表します。

また，ΔY_s が小さい時には I が小さいわけですから，前期に比べてGDPの伸びが下がった場合には投資が減少し，前期と同じGDPの伸びでは投資は一定なままということになることもこの式から読み取れます。

いいかえると投資が増え続けるためには，**図表97-A**，**B**のように，GDPが単に増えるだけではなく，加速度的に増えていることが必要だということになります。ここで示される関係を**加速度原理**といいます。

次に投資の持つ需要創出効果に焦点を当ててみましょう。財市場の均衡条件式は，

$$Y_d = C + I \quad または \quad S = I \tag{97-5}$$

ですから，(96-1) 式を用いてやれば均衡条件は，

$$sY_d = I \tag{97-6}$$

とも書くことができます。sは定数ですから，投資量Iの微量な変化が総需要に与える変化を式で示せば，

$$\Delta Y_d = (1/s)\,\Delta I \tag{97-7}$$

と書き表せます。

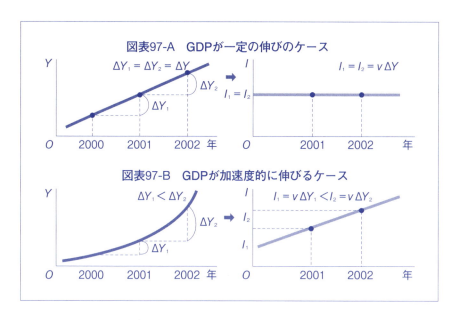

98 ハロッド＝ドーマーの成長理論

Harrod and Dormar's Theory of Growth

財市場の均衡と資本の完全雇用の保証成長率，労働の完全雇用の自然成長率，それに現実の成長率の3つは一致する保証がない

財市場の需給均衡条件は $Y_d = Y_s = Y$ で，かつ $\Delta Y_d = \Delta Y_s$ ですから，(97-4) 式と (97-7) 式から，

$$\Delta I / I = s / v \tag{98-1}$$

となります。ところが $I = sY$ より，s は定数ですから $\Delta I / I = \Delta Y / Y$ が成り立ちますので，結局

$$\Delta Y / Y = s / v \tag{98-2}$$

が得られます。(98-2) は労働の制約がない時に，財市場の均衡条件を維持し，資本が完全に生産に利用されることを保証する経済成長率で，**保証成長率**（または適性成長率）G_w と呼ばれます。式で表せば

$$G_w = s / v \tag{98-3}$$

となります。

他方で，労働は一定の率 n で成長すると仮定されましたが，これに技術進歩率 λ を加えたものが，経済の持つ潜在的な成長率である**自然成長率** G_n です。式で表せば，

$$G_n = n + \lambda \tag{98-4}$$

となります。なぜならば GDP を Y，労働生産性を l，雇用量を L とした時，$L = Y / l$，すなわち $Y = lL$ が成り立ちます。また労働の完全雇用を考えれば雇用

量Lと労働供給Nは等しくなりますから，

$$Y = lN \tag{98-5}$$

とも書きかえられます。これらはすべて変数ですので，Y, l, Nが次の期に$Y+\Delta Y$, $l+\Delta l$, $N+\Delta N$に変化したとすれば，

$$Y + \Delta Y = (l + \Delta l)(N + \Delta N) \tag{98-6}$$

となります。(98-6) 式から (98-5) 式を引いて，両辺を$Y (=lN)$で割ることで，

$$\Delta Y / Y = (\Delta N / N) + (\Delta l / l)$$

が求められますが，これは (98-4) 式と同じ式となるからです。

　資本を完全に利用して財市場を均衡させるG_wと，労働の完全雇用を実現させるG_n，それに現実の成長率Gの3つが必ず一致するとは限りません。s, v, n, λの4つのパラメーターは外生的に与えられるものばかりですから，$G_w = G_n$すなわち $(s/v) = n + \lambda$ が成り立つのは偶然の一致による場合に限られます。

　またもし$G > G_w$ならば，$\Delta Y / Y > s / v$，すなわち

$$v \Delta Y > sY \tag{98-7}$$

の状態に経済があることを意味します。(98-7) 式の左辺は加速度原理 (97-4) 式より，企業が望ましいと考える投資量I^*で，右辺は貯蓄Sすなわち (財市場の均衡より) 実際になされた投資Iに等しいから，(98-7) 式は$I^* > I$となっていることを意味します。企業は今期の投資を過小であると判断しますから，来期の投資量を増やしますが，これはいっそうGを大きくし，ますます$G > G_w$の関係が強まります。

　このように現実の成長率がいったん保証成長率から乖離すると，その乖離の度合いはさらに広がります。こうした特徴からハロッド＝ドーマーの成長経路の不安定性を**ナイフ・エッジ**にたとえることがあります。

新古典派の成長理論

Neo-Classical Growth Theory

新古典派の成長理論は生産要素の代替を考慮するモデルで，ソロー＝スワンが一次同次生産関数を用いて提唱した

ハロッド＝ドーマーのモデルでは資本と労働の生産における代替が存在しないと仮定していましたが，長期的には適当とはいえません。この点を改めて，利潤を最大化する企業は最適な資本と労働の組合せで生産するモデルにしたのが**新古典派の成長理論**で，ソローとスワンによって提示されました。

1財2要素の経済を考え，マクロ生産関数を

$$Y = F(K, L) \tag{99-1}$$

としましょう。ここで Y，K，L はそれぞれ生産量，資本ストック，労働量を表します。生産関数が一次同次（規模に関して収穫一定）であると仮定しましょう。これは資本と労働の投入量を同率で変化させると，生産量も同率で変化することを意味していますから，任意の $\lambda > 0$ に対して，

$$\lambda Y = F(\lambda K, \lambda L)$$

が成立します。今 $\lambda = 1/L$ とすると，

$$Y/L = F(K/L, 1)$$

と表せます。$y \equiv Y/L$，$k \equiv K/L$ と定義すれば，それぞれ労働者1人当たりの生産量，資本／労働比率となります。1は定数ですから除外すれば，(99-1)式は

$$y = f(k) \tag{99-2}$$

と書き表すことができます。

生産要素間の代替が可能ですから、kはさまざまな値を取りますが、(99-2)式の関係は**図表99-A**のように表されると仮定します。つまり資本投入がゼロでは生産はゼロ（$f(0) = 0$）で、yはkの増加関数（$f'(k) \equiv df/dk > 0$）になっていますが、その増加率はkの増加とともに逓減してゆく（$f''(k) \equiv d^2f/dk^2 < 0$）という仮定です。

これは労働投入量Lを一定として、資本投入量Kを2倍、3倍にすれば、$k = K/L$は2倍、3倍になるものの、資本の限界生産力が逓減するので、$y = f(k)$が2倍、3倍ほどは大きくならないことに対応します。

労働者1人当たりの貯蓄は、貯蓄性向をs（$0 < s < 1$）とすればsyとなりますから、これは**図表99-B**のように、yを縦軸方向に一定割合で縮めたものとなります。貯蓄は投資に等しいため、syは労働者1人当たりの投資額ともいえます。はじめの労働量Lに対しての増加量をΔLとすれば、労働の成長率は$\Delta L/L$で表されますが、これをnと呼ぶことにします。たとえば$L = 100$、$\Delta L = 2$ならば$n = 0.02$、すなわち成長率は2%です。

図に描かれたもう1つの線nkは、資本／労働比率kを一定に保つために必要な、増加労働者に対しての必要増加資本量を示します。たとえば資本量Kがはじめ200単位ならば、$k = 2$です。次に労働者が102人になったとします。この場合増えた2人に対して、資本が4増えて204／102にならないと、資本／労働比率は一定ではありません。この4という値は、$nk = 0.02 \times 2$から得られるものです。

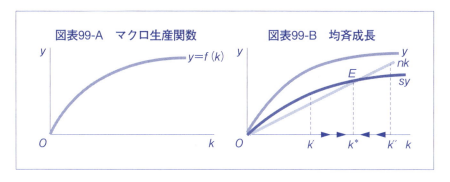

100 均斉成長

Balanced Growth

新古典派の成長理論では労働の成長率nと資本成長率sy/kが一致する均斉成長が安定的に実現する

貯蓄Sと投資Iに関しては，ハロッド＝ドーマーの（96-1）式，（97-3）式がそのまま成り立ち$S=sY$および$I=\Delta K$であるとすれば，財市場の均衡条件式から

$$sY = S = I = \Delta K$$

ですから，$Y=Ly$を代入して，

$$\Delta K = sLy$$

となり，両辺をK（$=Lk$）で割ることで，最終的に資本ストックの成長率を表す

$$\Delta K / K = sy / k \tag{100-1}$$

が導かれます。

図表99-Bの$nk=sy$となる交点Eでは，$n=sy/k$，したがって$\Delta L/L=\Delta K/K$ですから，資本と労働が同じ比率で成長していることになります。つまり資本／労働比率がk^{*}の時には，資本の成長率と労働の成長率が一致する，**均斉（斉一）成長**が実現していることになります。

仮にkがk^{*}より小さいk'の場合，つまり当初は労働が多く資本が少ない経済を考えますと，そこでは$nk<sy$すなわち$\Delta L/L<\Delta K/K$，労働成長率＜資本成長率です。労働の成長率がnで，資本の成長率はそれ以上なのですから，経済成長率もnよりも大きいことになります。資本が労働よりも大きな比率で上昇するにつれて，生産要素市場では資本に対して労働が前よりも相対的

に稀少となるでしょう。そこで価格メカニズムが働くことで、賃金が上昇する一方で資本レンタルが下落することが考えられます。利潤最大化を考える企業は、相対的に安価となった資本を多く投入するように生産要素を代替させるでしょうから、kはk'よりも大きくなってk^*に一致するまで上昇します。kがk^*に近づくにつれて、経済成長率も次第に下がってnに近づきます。**図表100-A**はこのプロセスを表しています。

逆にkがk^*より大きいk''の場合を考えますと、そこでは$nk > sy$すなわち$\Delta L / L > \Delta K / K$、労働成長率＞資本成長率です。労働の成長率が$n$で、資本の成長率はそれ以下なのですから、経済成長率もnよりも小さいことになります。資本が労働よりも小さな比率で上昇するにつれて、生産要素市場では資本に対して労働が相対的に過剰となってくるでしょう。そこで価格メカニズムが働くことで、賃金が下落する一方で資本レンタルが上昇すると考えられます。利潤最大化を考える企業は、相対的に安価となった労働を多く投入するように生産要素を代替させるでしょうから、kはk''よりも小さくなってk^*に一致するまで下落します。kがk^*に近づくにつれて、経済成長率も次第に上がってnに近づきます。**図表100-B**はこのプロセスを表しています。

結局どのようなkの値から出発しても、価格メカニズムによる調整とそれに伴う投入の要素代替から、均斉成長のk^*に到達します。したがって新古典派の成長モデルでは、成長経路は安定です。

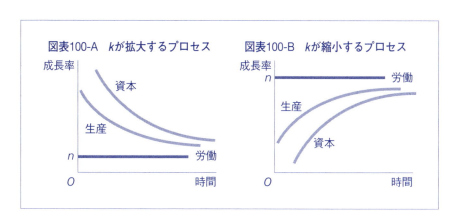

EXERCISE

1. 労働の増加率が1％，技術進歩率が2％，資本係数が5，貯蓄性向が0.2の時，ハロッド＝ドーマーの成長理論における保証成長率と自然成長率をそれぞれ求めなさい。

2. わが国経済が以下のコブ＝ダグラス型の生産関数で近似されるとします。
$$Y = TK^{0.3}L^{0.7}$$

ここで，Yは実質GDP，Tは全要素生産性，Kは資本ストック，Lは労働量とします。わが国経済の1965年から1990年にかけての年平均の伸び率は，実質GDPが5.3％，資本ストックが10％，労働投入量が0.6％でした。この時この間の平均技術進歩率（ヒックス中立的な全要素生産性の上昇率）は年率何％であったでしょうか。

付表1　産業連関表

		01 農林水産業	02 鉱業	03 飲食料品	04 繊維製品	05 パルプ・紙・木製品	06 化学製品
01	農 林 水 産 業	1643017	504	7111018	35881	413493	31173
02	鉱　　　　　業	626	3019	63	37	50733	136460
03	飲 食 料 品	1244658	0	5369035	13100	21723	120839
04	繊 維 製 品	57427	4571	42653	1148899	87547	23589
05	パルプ・紙・木製品	183143	2440	570337	34215	3455155	395630
06	化 学 製 品	573052	8267	326655	481198	407462	9007825
07	石油・石炭製品	260168	15669	159907	32434	61702	2049077
08	窯業・土石製品	17577	196	137336	2235	79344	154053
09	鉄　　　　　鋼	1038	1812	0	220	126419	1201
10	非 鉄 金 属	0	259	52627	161	28663	120038
11	金 属 製 品	14747	21204	629438	8335	170957	242158
12	一 般 機 械	234	4399	2	0	17727	769
13	電 気 機 械	3221	311	110	0	1731	443
14	情報・通信機器	86	20	185	107	158	1897
15	電 子 部 品	5	0	88	7	141	211
16	輸 送 機 械	67599	40	0	0	0	0
17	精 密 機 械	2786	33	113	80	688	600
18	その他の製造工業製品	131441	9363	981769	124945	383204	530064
19	建　　　　　設	65697	6518	57602	16915	84255	178017
20	電力・ガス・熱供給業	100052	34577	437203	77693	387858	654585
21	水道・廃棄物処理	12729	4390	119959	17746	48945	197940
22	商　　　　　業	543366	25953	2888790	346162	1090315	1177229
23	金 融 ・ 保 険	226281	70008	330764	195251	243197	414955
24	不 動 産	4520	7829	51378	15435	36937	79979
25	運　　　　　輸	633183	276017	1211601	114824	541976	708525
26	情 報 通 信	37206	11267	139738	41280	89248	404359
27	公　　　　　務	0	0	0	0	0	0
28	教 育 ・ 研 究	10891	4545	224374	27141	79967	2022341
29	医療・保健・社会保障・介護	859	0	0	0	21	366
30	その他の公共サービス	3252	2227	27758	5237	9374	44505
31	対事業所サービス	184088	48698	1125631	130624	376205	1383206
32	対個人サービス	4846	208	4338	891	1988	4364
33	事 務 用 品	6466	1118	23469	4619	9205	13296
34	分 類 不 明	168944	9110	178736	16486	72659	43696
35	内 生 部 門 計	6203205	574572	22202677	2892158	8378997	20143390
37	家計外消費支出	66125	51566	442209	63832	215122	537907
38	雇 用 者 所 得	1368885	186157	4627820	1048943	2306716	2732675
39	営 業 余 剰	3755010	48633	4040650	69686	847863	1729146
40	資本減耗引当	1327496	82952	1136941	147126	668846	1708232
41	間接税（除関税）	572580	66460	3656403	153623	412929	636540
42	（控除）経常補助金	-138726	-1959	-217350	-577	-913	-940
54	粗付加価値部門計	6951370	433809	13686673	1482633	4450563	7343560
57	国 内 生 産 額	13154575	1008381	35889350	4374791	12829560	27486950
58	国内純生産（要素費用）	5123895	234790	8668470	1118629	3154579	4461821
59	国内総生産（生産側）	6885245	382243	13244464	1418801	4235441	6805653

産業連関表

単位：100万円

07 石油・石炭製品	08 窯業・土石製品	09 鉄鋼	10 非鉄金属	11 金属製品	12 一般機械	13 電気機械	14 情報・通信機器	15 電子部品	
609	856	2	274	0	0	0	0	0	01
10106649	477235	935056	913998	880	1506	269	63	313	02
64	3474	22	0	0	0	0	0	0	03
3693	22270	11743	10793	16431	40731	49745	18392	58995	04
322	149913	16805	30638	56296	54599	116664	73695	100489	05
30394	192188	99921	84233	104615	171716	198184	81407	274366	06
661698	141097	623266	36160	32574	40425	14959	4204	29350	07
7262	574809	147120	56388	44051	165854	126719	21541	474242	08
-8	64916	13290958	11401	2678153	2450737	597523	82749	73058	09
106	40183	198534	2884344	807550	619779	1020074	273674	496266	10
10859	76615	20079	18097	745261	1126294	392976	169983	273103	11
91	22233	8630	3675	25218	6152528	243520	36462	56826	12
0	33	0	317	12225	762289	1630728	245726	369089	13
41	181	125	143	388	17224	1660	355948	2970	14
15	8	42	1849	42574	866882	1606785	3728460	4988634	15
0	0	0	0	0	3875	0	0	0	16
6	386	70	53	369	155237	14217	25620	6922	17
11594	98581	254718	185518	103956	724335	655097	493596	441127	18
16220	100221	153842	39049	109330	88024	62443	28035	89032	19
109354	207894	762012	171591	201682	280114	154157	68454	333791	20
8522	37968	50057	13317	18123	71935	23022	8250	42801	21
194258	329827	1023014	354572	667424	1933937	1084816	780859	682884	22
94525	192430	237889	126216	208774	425658	151325	105731	162307	23
6388	23630	41572	12040	45926	82649	47858	23900	24785	24
464441	466479	569473	262096	384070	620683	326601	215122	304665	25
17462	73785	91030	55042	148540	359357	256920	205202	166076	26
0	0	0	0	0	0	0	0	0	27
38019	255602	193713	152626	118247	986641	1252244	770294	1654923	28
0	0	48	0	0	0	0	0	0	29
6574	7819	21655	2526	15406	53207	11152	14973	10812	30
82875	380670	397971	177447	432587	1294374	753692	510155	726556	31
482	1133	3101	1299	1832	4593	3310	1873	3415	32
404	8354	6916	3461	13457	36888	20987	14690	22119	33
5991	61478	110744	27642	46118	181738	51171	19016	14722	34
11878910	4012468	19270128	5636805	7082057	19773809	10868818	8378074	11884638	35
49106	135574	195951	78796	264752	490116	324613	276905	276370	37
255145	1561322	2267339	880989	3656194	6517767	3057628	1460983	2867845	38
131650	565591	1486333	138212	460288	1364859	396629	230617	213046	39
242063	576012	1442266	382872	617382	1648054	938967	498084	741983	40
4416760	305485	653100	212679	404898	585916	246352	167446	229070	41
-53464	-523	-987	-346	-1123	-2031	-918	-485	-996	42
5041860	3143261	6043902	1693202	5402391	10604681	4963271	2633550	4327118	54
16920170	7155729	25314030	7330007	12484448	30378490	15832089	11011624	16211756	57
386795	2126913	3753572	1019201	4116482	7882526	3454257	1691600	3080691	58
4992154	3007887	5847951	1614406	5137639	10114565	4638658	2356645	4050748	59

付表1

		16 輸送機械	17 精密機械	18 その他の製造工業製品	19 建設	20 電力・ガス・熱供給	21 水道・廃棄物処理
01	農 林 水 産 業	57	0	204870	87905	0	0
02	鉱 業	3608	43	10990	502664	3306757	245
03	飲 食 料 品	0	0	24435	0	0	0
04	繊 維 製 品	99688	5507	114725	182190	3562	12093
05	パルプ・紙・木製品	76596	23382	1023329	2929128	34537	26298
06	化 学 製 品	530011	24560	3228057	275895	16089	117245
07	石油・石炭製品	108325	3501	46662	704416	1066224	118105
08	窯業・土石製品	402557	89909	87362	3623305	1184	21480
09	鉄 鋼	2454127	47635	76416	1458233	0	2913
10	非 鉄 金 属	1022919	95039	192419	497465	13149	1153
11	金 属 製 品	519881	76117	229324	6190568	14242	5265
12	一 般 機 械	531441	34111	63384	417882	165	32927
13	電 気 機 械	1364437	63127	7145	493668	111	674
14	情報・通信機器	401148	117	1566	105975	191	365
15	電 子 部 品	394172	626405	108884	13526	265	75
16	輸 送 機 械	24604589	0	0	0	0	0
17	精 密 機 械	34049	77386	5013	6540	0	672
18	その他の製造工業製品	2044834	177444	4287057	1047942	162223	247882
19	建 設	68037	14631	92300	143850	1046250	231683
20	電力・ガス・熱供給業	507878	42495	407793	256217	678501	373113
21	水道・廃棄物処理	59246	8559	43208	148729	131373	493129
22	商 業	2553585	220555	1780332	4123288	379221	173704
23	金 融 ・ 保 険	404587	96922	453468	937841	635453	74613
24	不 動 産	42728	10253	75210	160378	161725	18237
25	運 輸	886901	72008	1170495	3343445	498654	289057
26	情 報 通 信	193154	32000	212414	757075	341540	255263
27	公 務	0	0	0	0	0	0
28	教 育 ・ 研 究	1823954	235196	457185	79319	437447	1231
29	医療・保健・社会保障・介護	0	0	39	20	23	206
30	その他の公共サービス	16471	2443	20402	60666	28647	53817
31	対事業所サービス	1577766	173114	925597	4957399	1513348	596623
32	対個人サービス	6292	416	7024	30402	2603	1718
33	事 務 用 品	24721	3364	18692	20786	15683	15412
34	分 類 不 明	49167	6937	97354	487746	56315	60082
35	内 生 部 門 計	42806926	2263176	15473151	34044463	10545482	3225280
37	家計外消費支出	389096	61902	510991	958390	304238	158268
38	雇 用 者 所 得	6509999	923101	6227357	22309670	2064275	2648955
39	営 業 余 剰	970563	178140	1383252	624169	1541168	791292
40	資 本 減 耗 引 当	1554327	198864	1261389	3407584	3094363	1253004
41	間接税（除関税）	789689	97824	740908	2194913	1214432	401650
42	（控除）経常補助金	-4282	-314	-2200	-301865	-86792	-171978
54	粗付加価値部門計	10209392	1459517	10121697	29192861	8131684	5081191
57	国 内 生 産 額	53016318	3722693	25594848	63237324	18677166	8306471
58	国内純生産（要素費用）	7480562	1101241	7610609	22933839	3605443	3440247
59	国内総生産（生産側）	9820296	1397615	9610706	28234471	7827446	4922923

産業連関表

単位：100万円

22 商業	23 金融・保険	24 不動産	25 運輸	26 情報通信	27 公務	28 教育・研究	29 医療・保健・社会保障・介護	
9311	0	81	1939	0	2140	34205	225434	01
0	0	0	57	0	429	5111	408	02
16520	0	0	8619	9	9467	30590	706339	03
375143	66539	1582	87075	59419	93891	16443	165954	04
806118	189829	34957	298732	874319	78586	204035	274720	05
883	1184	1113	20499	93291	29467	187027	6476823	06
224977	18480	32472	5205624	47257	334110	272335	185324	07
36241	770	2533	1980	466	7705	63175	59501	08
0	0	0	13822	0	928	0	388	09
1420	0	0	546	1994	6439	1601	61574	10
332702	2552	17331	75088	12668	174282	4203	16119	11
777	0	0	4831	414	12027	0	0	12
28918	242	647	10369	8756	66606	14230	2830	13
14634	2864	1519	3639	6348	79591	1670	1035	14
4140	2831	0	172	73690	134571	53174	62	15
0	0	0	737675	0	764324	1568	0	16
156441	2810	303	1798	17101	30745	562	444924	17
1119146	867455	29435	231861	1475130	982398	872116	336818	18
651679	164048	3047681	505823	233419	588219	453558	293525	19
1702475	133727	194332	705874	314668	446391	784309	647329	20
337432	112246	25486	262486	165490	818929	390269	537219	21
1826085	252847	72325	1665151	714522	581473	702208	2835627	22
5707629	4478944	3798522	2220168	636153	126344	314064	660311	23
2879732	569767	378002	749394	897579	36347	284839	307729	24
5458445	819735	150947	5919613	1106699	1195672	705266	870549	25
4223835	2328652	137929	604955	4763584	1338661	1095032	751008	26
0	0	0	0	0	0	0	0	27
327863	19473	170	99285	503975	6396	85024	7595	28
2129	1134	90	2612	2107	322	336	893380	29
52324	103130	20495	58113	48368	253	50553	57901	30
6035146	4674937	1385730	6605944	5725660	2091211	1863246	2276151	31
104906	10815	51159	25011	471242	21727	45097	681959	32
377580	150126	16659	79063	75711	73672	128164	119903	33
648091	109995	235786	269593	478967	15554	504013	160936	34
33463022	15085132	9637286	26477411	18809006	10148877	9168023	20059375	35
2386121	1079878	181813	854630	2261399	544888	378261	662799	37
42068805	11577132	2129277	14741551	12367442	16181351	22074557	23828328	38
18676373	8558883	29007776	2733696	4768508	0	117689	2555473	39
5947409	4495718	21648821	3933345	6134019	11556133	4311736	3114335	40
3806231	1901461	3677205	2182496	1603291	106628	297967	827230	41
-73149	-1111261	-76143	-178729	-7708	0	-55055	-836743	42
72811490	26501653	56568649	24266989	27126951	28389000	27125155	30152022	54
106274512	41586785	66205935	50744400	45935957	38537877	36293178	50211397	57
60745178	20136015	31136953	17475247	17135950	16181351	22192646	26383801	58
70425369	25421775	56386836	23412359	24865552	27844112	26746894	29489223	59

付表1

		30 その他の公 共サービス	31 対事業所 サービス	32 対個人 サービス	33 事務用品	34 分類不明	35 内生部門計
01	農 林 水 産 業	8564	1006	1038617	0	0	10850956
02	鉱 業	0	275	-382	0	1335	16458647
03	飲 食 料 品	6492	500	5382027	0	10014	12967927
04	繊 維 製 品	98446	125784	184769	29608	30896	3350793
05	パルプ・紙・木製品	84212	221657	298216	669472	51584	13440048
06	化 学 製 品	10848	239539	368195	33361	59187	23754757
07	石油・石炭製品	27186	115337	307525	0	65435	13045985
08	窯業・土石製品	3764	70715	105221	6365	32619	6625579
09	鉄 鋼	24	7778	1648	37	45938	23490064
10	非 鉄 金 属	812	19814	17754	1394	32199	8509949
11	金 属 製 品	8893	85875	112940	354	23239	11821749
12	一 般 機 械	0	1758344	41443	76364	0	9546424
13	電 気 機 械	0	438304	13451	0	7549	5547287
14	情報・通信機器	450	127339	6466	0	0	1136050
15	電 子 部 品	0	701535	42	40625	0	13389870
16	輸 送 機 械	0	1833918	3091	0	0	28016679
17	精 密 機 械	122	44820	17469	0	0	1047935
18	その他の製造工業製品	252709	1443848	532410	252248	49476	21542040
19	建 設	13406	175208	301196	0	0	9119713
20	電力・ガス・熱供給業	20445	290719	1239912	0	26158	12753353
21	水道・廃棄物処理	15385	73840	1178446	0	48550	5525726
22	商 業	183921	1708624	3525607	323705	67954	36814140
23	金 融 ・ 保 険	88074	2533832	810215	0	2326986	29489437
24	不 動 産	94826	322496	735293	0	13276	8242637
25	運 輸	138163	949123	1598398	84276	179239	32536441
26	情 報 通 信	337643	5906722	1220762	0	95669	26692410
27	公 務	0	0	0	0	1109667	1109667
28	教 育 ・ 研 究	0	98904	24834	0	139098	12138517
29	医療・保健・社会保障・介護	53	439	2388	0	942	907514
30	その他の公共サービス	0	129787	198345	0	10711	1148903
31	対事業所サービス	369527	5963626	1792907	0	162405	56695116
32	対個人サービス	17133	118178	629286	0	13673	2276314
33	事 務 用 品	20858	86062	104784	0	1120	1517809
34	分 類 不 明	11163	272444	157739	0	0	4630133
35	内 生 部 門 計	1813119	25866392	21951014	1517809	4604919	466140569
37	家計外消費支出	153498	1237432	1192400	0	17726	16802674
38	雇 用 者 所 得	2672461	20776644	14813848	0	106763	258817524
39	営 業 余 剰	53463	6250916	7136026	0	-1241026	99584574
40	資 本 減 耗 引 当	312615	7795707	4030635	0	435566	96644846
41	間接税（除関税）	154285	1868037	2901935	0	44690	37531113
42	（控除）経常補助金	-128807	-45978	-3849	0	-619	-3506668
54	粗付加価値部門計	3217515	37882758	30070995	0	-636900	505874063
57	国 内 生 産 額	5030634	63749150	52022009	1517809	3968019	972014632
58	国内純生産（要素費用）	2725924	27027560	21949874	0	-1134363	358402098
59	国内総生産（生産側）	3064017	36645326	28878595	0	-654626	489071389

230

産業連関表

単位:100万円

37 家計外消費支出(列)	38 民間消費支出	39 一般政府消費支出	40 国内総固定資本形成(公的)	41 国内総固定資本形成(民間)	42 在庫純増	43 国内最終需要計	44 国内需要合計	45 輸出	
80714	3482543	0	0	197752	721993	4483002	15333958	60143	01
-7052	-8002	0	0	-8432	-97649	-121135	16337512	29805	02
936784	26809656	327785	0	0	249404	28323629	41291556	253222	03
108732	3787188	0	574	265648	-85218	4076924	7427717	520052	04
115063	477800	1684	14429	335827	127443	1072246	14512294	338468	05
193044	2630876	0	0	0	92943	2916863	26671620	4648614	06
33682	5853920	0	0	0	-159602	5728000	18773985	867196	07
25056	231145	0	0	0	58251	314452	6940031	718143	08
0	-32731	0	-26571	-159596	219688	790	23490854	2658079	09
1532	106718	0	0	26061	65360	199671	8709620	1171754	10
29875	321361	508	1978	267701	64779	686202	12507951	612566	11
4346	87674	38	213963	14605102	243803	15154926	24701350	8118645	12
71819	2838223	0	280541	4084893	52842	7328318	12875605	5291144	13
1287996	3680420	0	329440	4837171	-85173	10049854	11185904	3964327	14
3078	237524	0	0	0	8732	249334	13639204	6114400	15
0	5567891	0	156347	6476720	244191	12445149	40461828	14898641	16
16791	901453	88	121306	1737097	-15107	2761628	3809563	1340624	17
245487	3311498	4297	107468	1024644	104531	4798225	26340265	2584022	18
0	0	0	20535717	33581894	0	54117611	63237324	0	19
4630	5889401	0	0	0	0	5894031	18647384	31044	20
3246	2131416	634373	0	0	0	2769135	8294861	13326	21
1595669	46974695	6873	414393	12355428	197402	61544460	98358600	8620512	22
250	11941693	0	0	0	0	11941943	41431380	654576	23
0	57908362	37145	0	0	0	57945507	66188144	19254	24
487915	14915197	-74768	29398	776109	71998	16205849	48742290	5669407	25
215154	10976086	35886	1078446	7330107	-11466	19624213	46316623	330825	26
0	786643	36641567	0	0	0	37428210	38537877	0	27
0	7608327	16803455	0	0	0	24411782	36550299	384294	28
487919	12195277	36622546	0	0	0	49305742	50213256	211	29
0	3895555	0	0	0	0	3895555	5044458	20027	30
76953	4540344	0	560223	2249777	0	7427297	64122413	668111	31
10783991	40798816	0	0	0	0	51582807	53859121	963149	32
0	0	0	0	0	0	0	1517809	0	33
0	26326	0	0	0	0	26326	4656459	46757	34
16802674	280873295	91041577	23817652	89983903	2069445	504588546	970729115	71611338	35

		46 調整項	47 輸出計	48 最終需要計	49 需要合計	50 （控除）輸入	51 （控除）関税	52 （控除）輸入品商品税
01	農林水産業	2321	62464	4545466	15396422	-2092569	-42648	-106630
02	鉱業	1294	31099	-90036	16368611	-14054291	-36891	-1269048
03	飲食料品	11843	265065	28588694	41556621	-4625095	-363904	-678272
04	繊維製品	25601	545653	4622577	7973370	-3205556	-224072	-168951
05	パルプ・紙・木製品	16240	354708	1426954	14867002	-1911727	-28909	-96806
06	化学製品	201700	4850314	7767177	31521934	-3807771	-37626	-189587
07	石油・石炭製品	17609	884805	6612805	19658790	-2591158	-9913	-137549
08	窯業・土石製品	30328	748471	1062923	7688502	-504382	-3044	-25147
09	鉄鋼	114601	2772680	2773470	26263534	-897012	-7277	-45215
10	非鉄金属	55612	1227366	1427037	9936986	-2474045	-8792	-124142
11	金属製品	29512	642078	1328280	13150029	-630672	-3273	-31636
12	一般機械	341538	8460183	23615109	33161533	-2648703	0	-134340
13	電気機械	230449	5521593	12849911	18397198	-2429477	-10	-135622
14	情報・通信機器	175206	4139533	14189387	15325437	-4101871	0	-211942
15	電子部品	266455	6380855	6630189	20020059	-3626958	0	-181345
16	輸送機械	460527	15359168	27804317	55820996	-2674069	0	-130609
17	精密機械	56910	1397534	4159162	5207097	-1414262	-776	-69366
18	その他の製造工業製品	114914	2698936	7497161	29039201	-3182179	-116067	-146107
19	建設	0	0	54117611	63237324	0	0	0
20	電力・ガス・熱供給業	0	31044	5925075	18678428	-1262	0	0
21	水道・廃棄物処理	0	13326	2782461	8308187	-1716	0	0
22	商業	0	8620512	70164972	106979112	-704600	0	0
23	金融・保険	0	654576	12596519	42085956	-499171	0	0
24	不動産	0	19254	57964761	66207398	-1463	0	0
25	運輸	0	5669407	21875256	54411697	-3667297	0	0
26	情報通信	2598	333423	19957636	46650046	-707962	0	-6127
27	公務	0	0	37428210	38537877	0	0	0
28	教育・研究	0	384294	24796076	36934593	-641415	0	0
29	医療・保健・社会保障・介護	0	211	49305953	50213467	-2070	0	0
30	その他の公共サービス	0	20027	3915582	5064485	-33851	0	0
31	対事業所サービス	87	668198	8095495	64790611	-1040258	0	-1203
32	対個人サービス	1835	964984	52547791	54824105	-2801801	0	-295
33	事務用品	0	0	0	1517809	0	0	0
34	分類不明	143	46900	73226	4703359	-734390	-467	-483
35	内生部門計	2157323	73768661	578357207	1044497776	-67709053	-883669	-3890422

単位：100万円

53 (控除)輸入計	54 最終需要部門計	57 国内生産額	59 国内総生産 (支出側)	
-2241847	2303619	13154575	2222905	01
-15360230	-15450266	1008381	-15443214	02
-5667271	22921423	35889350	21984639	03
-3598579	1023998	4374791	915266	04
-2037442	-610488	12829560	-725551	05
-4034984	3732193	27486950	3539149	06
-2738620	3874185	16920170	3840503	07
-532573	530350	7155929	505294	08
-949504	1823966	25314030	1823966	09
-2606979	-1179942	7330007	-1181474	10
-665581	662699	12484448	632824	11
-2783043	20832066	30378490	20827720	12
-2565109	10284802	15832089	10212983	13
-4313813	9875574	11011624	8587578	14
-3808303	2821886	16211756	2818808	15
-2804678	24999639	53016318	24999639	16
-1484404	2674758	3722693	2657967	17
-3444353	4052808	25594848	3807321	18
0	54117611	63237324	54117611	19
-1262	5923813	18677166	5919183	20
-1716	2780745	8306471	2777499	21
-704600	69460372	106274512	67864703	22
-499171	12097348	41586785	12097098	23
-1463	57963298	66205935	57963298	24
-3667297	18207959	50744400	17720044	25
-714089	19243547	45935957	19028393	26
0	37428210	38537877	37428210	27
-641415	24154661	36293178	24154661	28
-2070	49303883	50211397	48815964	29
-33851	3881731	5030634	3881731	30
-1041461	7054034	63749150	6977081	31
-2802096	49745695	52022009	38961704	32
0	0	1517809	0	33
-735340	-662114	3968019	-662114	34
-72483144	505874063	972014632	489071389	35

注：国内総生産(生産側)，国内純生産(要素費用)，国内総生産(支出側)は，産業連関表上計算されたもので，国民経済計算の公表値とは異なる。

資料：平成17年(2005年)産業連関表取引基本表(生産者価格評価)(34部門表)

付表2　戦後日本の景気循環①

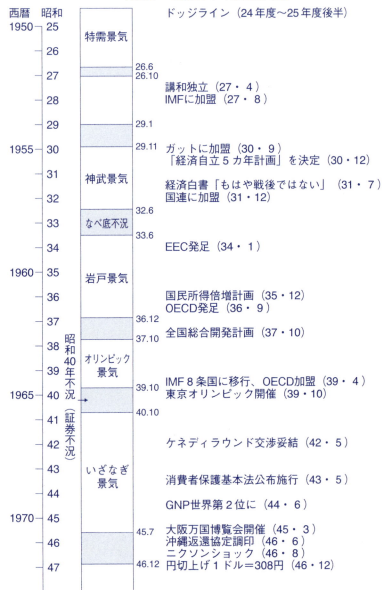

注1：各景気の名称は正式なものではなく通称を付したものである。
　2：グレー部分は景気後退期を示す。
資料：内閣府　景気基準日付

付表2　戦後日本の景気循環②

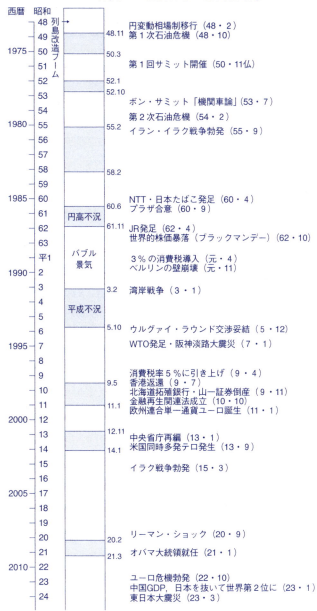

練習問題解答

【ミクロ１】

1. (1) $U=xy$ で $U=20$, $x=4$ とすると $20=4y$ となるからこれを解いて $y=5$ となります。よって焼き鳥を５本消費します。

   (2) 無差別曲線の式は $10=xy$ またはこれを書き直して $y=10/x$ と表します。よってそのグラフは反比例の式を表す直角双曲線のグラフとして下の**解答図表１**のようになります。

   (3) 予算制約式 $200x+100y=1200$ の下で効用 $U=xy$ を最大にするような x と y を求めればよいのです。予算制約式は $y=-2x+12$ となりますから，これを効用関数 $U=xy$ に代入すると

   $U=x(-2x+12)=-2x^2+12x$
   $=-2(x^2-6x+9)+18$
   $=-2(x-3)^2+18$

   となります。よって $x=3$ の時 U が最大になります。$x=3$ を $y=-2x+12$ に代入すると $y=6$。よってビールを３杯，焼き鳥を６本購入します。その時の効用の大きさは $U=-2(x-3)^2+18$ に $x=3$ を代入すると $U=18$ となるので，効用の大きさは18となります。

2. ザッケローニ氏の予算制約式は $5000y=10,000l$ すなわち $y=2l$。また $x=7-l$ です。これを効用関数 $U=xy$ に代入すると $U=(7-l)y=(7-l)2l=-2(l^2-$

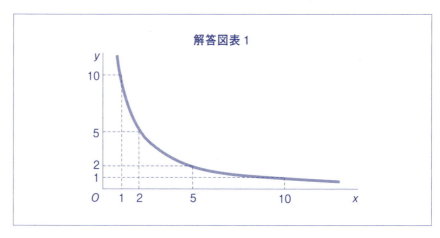

解答図表１

$7l+(3.5)^2)+2(3.5)^2=-2(l-3.5)^2+2(3.5)^2$ となるので，Uを最大にするlは$l=3.5$となります。よって$y=2×3.5=7$。すなわちザッケローニ氏は1週間のうち3日半働き，7本のイタリアワインを消費することになります。

【ミクロ2】

1. (1) p_0はE点に対応していますから$MC=AC$より$y+1=(1/2)y+1+(2/y)$となります。すなわち$(1/2)y-(2/y)=0$。よって$y^2-4=0$となり，これより$y=2$を得ます。p_0はE点でのMCの大きさですから，$y=2$を用いて，$MC=y+1=3$。よって$p_0=3$となります。

(2) 最適な生産量は$MC=p$を満たすyです。$p=7$，$MC=y+1$より$y+1=7$。これより$y=6$が最適な生産量です。利潤は$\pi=py-C$ですから$\pi=7×6-((1/2)6^2+6+2)=42-26=16$となります。よってその時の利潤は16となります。

(3) ア．2，イ．ゼロ，ウ．損益分岐点，エ．固定費，オ．$OFBy^*$

【ミクロ3】

1. (1) $D=S$より$-p+30=(1/3)p-2$。これをpについて解くと，$p=24$となります。よってガソリンの均衡価格は24となります。また均衡取引量は，$p=24$を$D=-p+30$に代入して，$D=6$となりますから，6です。

(2) 需要曲線$D=-p+30$は$p=-D+30$，供給曲線$S=(1/3)p-2$は$p=3S+6$とそれぞれ書き直せますから，これをもとに需要曲線と供給曲線をグラフに表すと**解答図表2**のようになります。消費者余剰，生産者余剰はそれぞれA，Bの三角形の面積です。$A=6×6×(1/2)=18$，$B=18×6×(1/2)=54$ですから，消費者余剰は18，生産者余剰は54となります。

(3) ガソリンへの課税後の供給曲線は$p=3S+6$を上方にシフトさせた曲線ですから$p=3S+10$となります。一方需要曲線はもとのままですから$p=-D+30$です。よってこれら2つの式からpを消去しますと$3S+10=-D+30$となります。ここで$D=S$としますと，この式は$4D=20$となります。すなわち$D=5$，よって均衡取引量は5となります。よって均衡価格は$p=-D+30$に$D=5$を代入して$p=25$，すなわち25となります。

(4) 消費税導入後の社会的余剰を求めるため，消費税導入後の均衡点Aをグラフに示すと**解答図表3**のようになります。消費税導入後の社会的余剰はグレー部の台形の面積です。これは$AB=4$ですから$(4+24)×5×(1/2)=70$

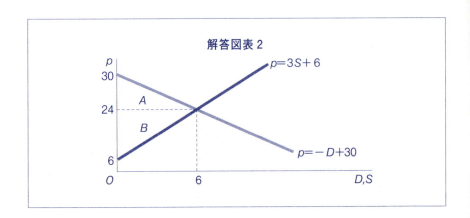

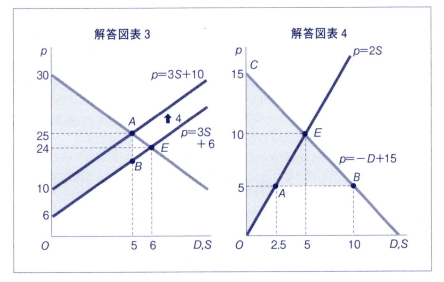

となります。よって社会的余剰は70です。

2. (1) $D=S$より$15-p=(1/2)p$。これをpについて解きますと、$p=10$を得ます。これを$D=15-p$に代入すると$D=5$となります。よって均衡価格は10、均衡取引量は5です。

(2) 需要曲線は$D=15-p$より$p=-D+15$、供給曲線は$S=(1/2)p$より$p=2S$と表されますから、これをもとに需要曲線と供給曲線のグラフを描くと

解答図表4のようになります。国際価格が5の時，貿易量ABの長さの輸入となります。ABを求めるため，$p=5$の時のD, Sを求めると$D=15-5=10$，$S=(1/2)p=2.5$となります。よって$D-S=7.5$。すなわち貿易量は7.5の輸入となります。社会的余剰はグレー部の面積です。これは$\triangle OCE + \triangle AEB$です。$\triangle OCE = 15 \times 5 \times (1/2) = 37.5$，$\triangle AEB = 5 \times 7.5 \times (1/2) = 18.75$。よって社会的余剰は$37.5 + 18.75 = 56.25$，すなわち56.25となります。

【ミクロ4】

1. (1) 独占市場の均衡生産量は$MR=MC$から求められます。すなわち$-y+90 = y+10$より$y=40$となります。これを市場需要関数に代入しますと，$40=-2p+180$ですから，これを解いて$p=70$を得ます。よって均衡価格は70，均衡生産量は40です。

(2) (1)の結果を利用すると，**解答図表5**を得る。この図表の$\triangle ABF$の面積が消費者余剰で，台形FBEGの面積が生産者余剰です。そこで消費者余剰は$20 \times 40 \times 1/2 = 400$となり生産者余剰は$(20+80) \times 40 \times 1/2 = 2{,}000$となります。

(3) (2)の図表$\triangle BCE$の面積だけ社会的余剰は独占の方が小さくなります。この面積を求めるためC点での生産量を求めると，需要曲線から$p=(-1/2)D+90$，これと$MC=y+10$を用いて，$MC=p$，$D=y$として$-(1/2)y+90=y+10$となりますから，これより$y=160/3$となります。よって
$$\triangle BCE\text{の面積} = 20 \times (160/3 - 40) \times 1/2$$
$$= 10 \times 40/3 = 400/3$$
よって社会的余剰は独占の時の方が$400/3$だけ小さくなります。

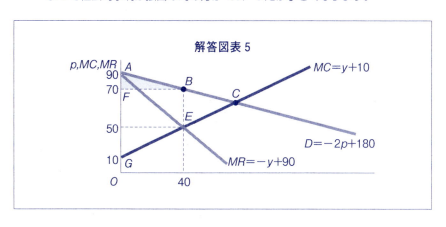

解答図表5

2. (1) 利得表は**解答図表6**のようになります。たとえばモスバーガーが100円、マクドナルドが120円とすると、それぞれの利得は

$$\pi_B = 2 \times 100 - 120 = 80$$
$$\pi_D = 120 - 100 + 80 = 100$$

と計算できます。

解答図表6

戦略		モスバーガー		
		100円	150円	200円
マクドナルド	120円	80 100	180 50	280 0
	180円	20 160	120 110	220 60

(2) マクドナルドはモスバーガーの価格がどのようであろうと、常に120円より180円を選ぶ方が利益を大きくします。モスバーガーは同様にしてマクドナルドがどのような価格を選ぼうとも、200円とするのが利益をもっとも大きくします。よってマクドナルドは180円、モスバーガーは200円を選びます。これはナッシュ均衡です。

【ミクロ5】

1. (1) 企業は価格と限界費用が等しくなるように生産量を決めますので、
$$p = MC = 10 + y$$
となります。一方、市場均衡では$D = y$ですから、上式は$p = 10 + D$となります。これに$D = 100 - p$を代入すると$p = 10 + 100 - p$となります。これをpについて解くと、$p = 55$。よって$D = y = 45$を得ます。すなわち価格は55、生産量は45です。

(2) 社会的限界費用＝私的限界費用＋10ですから
社会的限界費用＝$20 + y$

(3) 社会的に最適な生産量は社会的限界費用曲線と需要曲線の交点で決まります。すなわち$100 - y = 20 + y$より$y = 40$。よって社会的に最適な生産量は40です。

(4) ピグー税は10。

(5) 税収＝$10 \times 40 = 400$。

2. (1) 大島さんと前田さんの限界便益は、需要曲線からそれぞれMB^Kが$= 20 - y$、$MB^B = 40 - y$となります。これらを合計すると社会的便益MBが得られます。すなわち$0 \leq y \leq 20$に対して$MB = 60 - 2y$、$20 < y$に対して$MB = 40 - y$となります（**解答図表7**参照）。社会的に最適な公共財の供給量は限界便益を限界費用が等しくなるところで決まりますから
$$60 - 2y = 2y$$

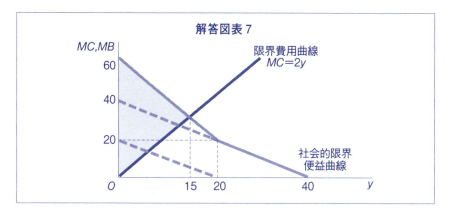

より，$y = 15$。よって最適な公共財の水準は15です。

(2) **解答図表7**のグレー部の面積が社会的余剰です。よって社会的余剰は$60 \times 15 \times 1/2 = 450$となります。

【ミクロ6】

1. (1) 期待値をx^eとすると，$x^e = (3/10) \times 100 + (7/10) \times 400 = 310$円

(2) $\sqrt{100} = 10$，$\sqrt{400} = 20$ですから，期待効用は$(3/10) \times 10 + (7/10) \times 20 = 17$

(3) $\sqrt{x^*} = 17$を解いて，$x^* = 289$円。リスク・プレミアムは$x^e - x^* = 21$円

2. 今期の消費をc_1とすれば，債券に投資できる金額は$100 - c_1$です。すると，この金額は来期には$1/3$および$2/3$の確率で，$1.1(100 - c_1)$，$1.2(100 - c_1)$となります。これに50を加えたものが来期の所得です。よって来期の消費c_2は，$1/3$および$2/3$の確率で，$160 - 1.1c_1$，$170 - 1.2c_1$となります。期待効用は，

$$EU = (1/3) c_1 (160 - 1.1c_1) + (2/3) c_1 (170 - 1.2c_1)$$

$$= (1/3) c_1 (500 - 3.5c_1) = -\frac{7}{6} \left[\left(c_1 - \frac{500}{7} \right)^2 - \left(\frac{500}{7} \right)^2 \right]$$

となりますから，$c_1 = 500/7$となります。

【マクロ1】

1. 国内総生産GDPをはじめに求めます。(1-5)の民間消費がここでは最終消費支出，民間投資はここでは総固定資本形成プラス在庫品増加，そして純輸出は財貨・サービスの輸出マイナス財貨・サービスの輸入，さらに政府購入はありま

せんから，結局 GDP ＝ 250 ＋ 120 ＋ 5 ＋ 60 － 40 ＝ 395 となります。
　　次に国民総所得GNIは，GDP－海外への要素所得の支払＋海外からの要素所得の受取りですから，GNI ＝ 395 － 15 ＋ 10 ＝ 390 となります。
2. 消費者物価指数はラスパイレス指数ですから，購入数量のウエイトは基準年の1990年を用います。

$$\frac{5 \times 30 + 2 \times 20 + 4 \times 8}{5 \times 12 + 2 \times 10 + 4 \times 5} = \frac{222}{100} = 2.22$$

【マクロ2】

1. 財市場の均衡条件式 $Y = C + I + G$ に，与えられた消費関数を代入して解きます。
   (1) $Y = 20 + 0.75Y + I + G$ から，$Y = (20 + I + G) / (1 - 0.75) = 4(20 + I + G)$ となります。均衡GDPは，$I = 17.5$ および $G = 10$ を代入して，$Y = 4(20 + 17.5 + 10) = 190$兆円となります。

   (2) $Y = 4(20 + I + G)$ から，$\Delta Y / \Delta I = 4$ となります。
   (3) $Y = 4(20 + I + G)$ に，$Y = 250$ および $I = 17.5$ を代入し，$250 = 4(20 + 17.5 + G)$ から，$G = 25$兆円となります。

2. $Y = C + I + G$ に消費関数を代入して解くと，$Y = (-0.8T + I + G) / (1 - 0.8)$ となります。変化分を△で表せば，$\Delta Y = -4\Delta T + 5\Delta G$ となります。今 $\Delta T = \Delta G = 10$ ですから，これを代入して，$\Delta Y = 10$。すなわちGDPは10だけ増加します。

3. 総需要は $Y_D = C + I + G$ に，$I + G = 100$ と $C = 0.5Y + 50$ を代入して，$Y_D = 0.5Y + 150$。もしYが $Y_F = 500$ ならば，その時 $Y_D = 0.5 \times 500 + 150 = 400$ となります。これに対して，総供給は $Y_S = Y_F = 500$ ですから，$500 - 400 = 100$兆円のデフレギャップが生じています。

【マクロ3】

1. 預金総額は初めの預金額÷準備率ですから，$10 \div 0.2 = 50$億円。信用創造額は $50 - 10 = 40$億円です。

2. (1) ハイパワード・マネーを H とすると，$H = C + R$ です。設問から $C = 0.3D$，$R = 0.1D$ および $H = 50$ ですから，これらを代入して $50 = 0.3D + 0.1D = 0.4D$，したがって $D = 125$ となります。

   (2) $M_S = \dfrac{C/D + 1}{C/D + R/D} \times H$ に代入して，$M_S = 162.5$。

【マクロ4】

(1) $Y=C+I+G=200+0.6Y-2,000r$ から，$Y=500-5,000r$

(2) $M/P=L$ より $2,000=10Y-10,000r$ ですから，$Y=200+1,000r$

(3) $Y=500-5,000r$ と $Y=200+1,000r$ を連立して解いて，$Y=250$，$r=0.05$

(4) 実質マネーストックの増分を $\Delta(M/P)$ とすると，新しい LM 曲線は $2,000+\Delta(M/P)=10Y-10,000r$ となります。$Y=300$ を IS 曲線 $Y=500-5,000r$ に代入して，$r=0.04$ が求まりますから，これらを新しい LM 曲線に代入して $\Delta(M/P)=600$。

(5) 公共投資の増分を ΔG とすると，新しい IS 曲線は $0.4Y=200\times 2,000r+\Delta G$ です。$Y=300$ を LM 曲線 $2,000=10Y\times 10,000r$ に代入して，$r=0.1$ となり，これと $Y=300$ を新しい IS 曲線に代入して $\Delta G=120$。

【マクロ5】

1. 労働需要は古典派の第1公準に従って，$W/P=MP_L$ を満たす水準に決まります。$MP_L=dY/dL=d(9L^{\frac{1}{3}})/dL=6L^{-\frac{1}{3}}$ で，設問より $W/P=2$ ですから，$2=6L^{-\frac{1}{3}}$ を解けばよいことになります。$1/3=L^{-\frac{1}{3}}$，$3=L^{\frac{1}{3}}$，$3^3=L$ となって，$L_D=27$ となります。労働供給については $L_S=15(W/P)=15\times 2=30$ ですから，失業者数は $L_S-L_D=30-27=3$ です。失業率は失業者数／労働供給より，$3/30=0.1$ で，10%となります。

2. 第10章の問題から，IS 曲線は $Y=500-5,000r$ で同じで，他方 LM 曲線は物価水準 P が変数となりますから，$2,000/P=10Y-10,000$，となります。IS 曲線から $r=1/10-(1/5,000)Y$ となりますからこれを LM 曲線に代入して整理すれば，$P=\dfrac{2,000}{12Y-1,000}$ となります。

【マクロ6】

1. 保証成長率は $G_w=s/v=0.2/5=0.04$ となり，自然成長率については $G_n=n+\lambda=0.01+0.02=0.03$ となります。

2. $Y=TK^{0.3}L^{0.7}$ の両辺の対数をとって $\log Y=\log T+0.3\log K+0.7\log L$ が得られます。これを時間について微分すると，$\Delta Y/Y=\Delta T/T+0.3(\Delta K/K)+0.7(\Delta L/L)$ になります（ここでは結果だけを公式として覚えておくと便利です）。設問から $\Delta Y/Y=5.3$，$\Delta K/K=10$，$\Delta L/L=0.6$ なので，$\Delta T/T=1.88$ が求まります。

参考図書案内

○ミクロ経済学の基本レベル（本書と同レベル）

『現代経済学入門　ミクロ経済学（第3版）』西村和雄，岩波書店，2011年。

『ミクロ経済学（第2版）』伊藤元重，日本評論社，2003年。

『ミクロ経済学入門』清野一治，日本評論社，2006年。

○マクロ経済学の基本レベル（本書と同レベル）

『現代経済学入門　マクロ経済学（第4版）』吉川洋，岩波書店，2017年。

『マクロ経済学（第2版）』伊藤元重，日本評論社，2012年。

『基礎からわかるマクロ経済学（第4版）』家森信善，中央経済社，2015年。

○ミクロ経済学の標準レベル（より進んだ学習のために）

『新経済学ライブラリー4　ミクロ経済学（増補版）』武隈慎一，新世社，1999年。

『ミクロ経済学入門（第2版）』西村和雄，岩波書店，1995年。

『ミクロ経済学の基礎』矢野誠，岩波書店，2001年。

『コア・テキスト　ミクロ経済学』多和田眞，新世社，2005年。

○マクロ経済学の標準レベル（より進んだ学習のために）

『入門マクロ経済学（第5版）』中谷巌，日本評論社，2007年。

『マクロ経済学入門（第3版）』二神孝一，日本評論社，2017年。

○その他

- 最近の経済学では戦略的行動をもとにした分析が多くなっています。これはゲームの理論を用いて分析します。このような分野のテキストとして，

  『ミクロ経済学　戦略的アプローチ』梶井厚志・松井彰彦，日本評論社，2000年，があります。

- より進んだ経済理論の習得のためには，数学的手法を知っておくことが必要不可欠です。そのためのテキストとして，

  『基礎からの経済数学』入谷純，有斐閣，2006年，があります。

《著者紹介》

多和田　眞（たわだ　まこと）
名古屋大学名誉教授
略歴　1948年生
　　　1971年　名古屋市立大学経済学部卒業
　　　1981年　ニュー・サウス・ウェールズ大学経済学博士取得
著書　Production Structure and International Trade, Springer verlag, 1987.
論文　"The Production Possibility Set with Public Intermediate Goods" Econometrica, 1980. 他多数

近藤　健児（こんどう　けんじ）
中京大学経済学部教授
略歴　1962年生
　　　1984年　京都大学経済学部卒業
　　　1994年　名古屋市立大学大学院経済学研究科博士後期課程修了
　　　2000年　博士（経済学），名古屋市立大学より
著書　The Economics of International Immigration, Springer, 2016.
論文　"Permanent Migrants and Cross-Border Workers—The Effects on the Host Country", Journal of Regional Science, 1999. 他多数

経済学のエッセンス100（第3版）

2003年4月25日　第1版第1刷発行		
2012年4月5日　　第1版第17刷発行		
2013年2月20日　第2版第1刷発行		
2017年2月25日　第2版第10刷発行	著　者	多 和 田　　眞
2018年3月30日　第3版第1刷発行		近 藤　健 児
2022年12月15日　第3版第2刷発行	発行者	山 本　　　継
	発行所	㈱中央経済社
	発売元	㈱中央経済グループ パブリッシング

〒101-0051　東京都千代田区神田神保町1-31-2
電話　03（3293）3371（編集代表）
　　　03（3293）3381（営業代表）
https://www.chuokeizai.co.jp
印刷／㈱堀内印刷所
製本／誠製本㈱

©2018
Printed in Japan

※頁の「欠落」や「順序違い」などがありましたらお取り替えいたしますので発売元までご送付ください。（送料小社負担）

ISBN 978-4-502-25561-8　C3033

JCOPY〈出版者著作権管理機構委託出版物〉本書を無断で複写複製（コピー）することは，著作権法上の例外を除き，禁じられています。本書をコピーされる場合は，事前に出版者著作権管理機構（JCOPY）の許諾を受けてください。
JCOPY〈https://www.jcopy.or.jp/　eメール：info@jcopy.or.jp〉

ベーシック＋プラス
Basic Plus

 ミクロ経済学の基礎
 マクロ経済学の基礎
 経営学入門
 経営管理論

 財政学
 公共経済学
 企業統治
 技術経営

 金融論
 金融政策
 人的資源管理
 国際人的資源管理

 日本経済論
 地域政策
 消費者行動論
 物流論

いま新しい時代を切り開く基礎力と応用力を兼ね備えた人材が求められています。このシリーズは，各学問分野の基本的な知識や標準的な考え方を学ぶことにプラスして，一人ひとりが主体的に思考し，行動できるような「学び」をサポートしています。

中央経済社

Let's START!
学びにプラス！
成長にプラス！
ベーシック＋で
はじめよう！